AF107028

www.ingramcontent.com/pod-product-compliance
Lightning Source LLC
LaVergne TN
LVHW010427070526
838199LV00066B/5953
9789358722246

چراغِ منزل

(اردو صحافت کے ۲۰۰ سال پر خصوصی مضامین)

(مجلہ 'صدائے شبلی' [حیدرآباد] کے خصوصی شمارے سے منتخب شدہ مضامین)

مرتب:

ڈاکٹر محامد ہلال اعظمی

© Dr Muhamid Hilal Azmi

Charaagh-e-Manzil *(Essays)*
By: Dr Muhamid Hilal Azmi
Edition: December '2024
Publisher :
Taemeer Publications LLC (Michigan, USA / Hyderabad, India)

ISBN 978-93-5872-224-6

مرتب یا ناشر کی پیشگی اجازت کے بغیر اس کتاب کا کوئی بھی حصہ کسی بھی شکل میں بشمول ویب سائٹ پر اَپ لوڈنگ کے لیے استعمال نہ کیا جائے۔ نیز اس کتاب پر کسی بھی قسم کے تنازع کو نمٹانے کا اختیار صرف حیدرآباد (تلنگانہ) کی عدلیہ کو ہو گا۔

© ڈاکٹر محامد ہلال اعظمی

کتاب	:	**چراغِ منزل** (مضامین)
مرتب	:	**ڈاکٹر محامد ہلال اعظمی**
صنف	:	صحافت
ناشر	:	تعمیر پبلی کیشنز (حیدرآباد، انڈیا)
سالِ اشاعت	:	۲۰۲۴ء
صفحات	:	۸۶
سرورق ڈیزائن	:	تعمیر ویب ڈیزائن

فہرست مضامین

اپنی بات	ڈاکٹر محمد محامد ہلال اعظمی	6
صحافت اور صارفیت	حقانی القاسمی	7
حسرت موہانی اردو صحافت کا دُرِ نایاب	ڈاکٹر منور حسن کمال	10
انیسویں صدی کی اردو صحافت کا معروضی جائزہ	ڈاکٹر قسیم اختر	16
اُردو صحافت کے مزاج میں ماحولیاتی کشافت	ابراہیم افسر	22
میڈیا، ماس میڈیا روایت اور مسائل	عبدالباری قاسمی	26
دورِ حاضر میں سوشل میڈیا اور روزگار کے مواقع	عظمت النساء	33
حیدرآباد میں اردو صحافت	ڈاکٹر محامد ہلال	38
اردو صحافت کے دو سو سال: محدودیت میں آفاقیت کی تلاش	ڈاکٹر مشتاق صدف	41
اردو صحافت کے تاریخی 200 سال کا اجمالی جائزہ	ڈاکٹر صالحہ صدیقی	43
اردو صحافت کا فن وارتقائی سفر کا مختصر جائزہ	محمد ضیاء العظیم	54
اردو صحافت کے 200 سال: پتھر کے عہد سے کمپیوٹر تک	معصوم مرادآبادی	59
ہندوستانی صحافت کے تناظر میں اردو صحافت نگاری	ڈاکٹر اجے مالوی	63
عصرِ حاضر میں صحافیوں کا کردار اور فضلاء مدارس کی ذمہ داریاں!	ڈاکٹر آصف لئیق ندوی	70
آزادی کی جنگ میں اردو صحافت کا حصہ	ڈاکٹر اسرار الحق سبیلی	76
سائنسی شعور کے فروغ میں اردو صحافت کا کردار!	ڈاکٹر جاوید ندیم ندوی	78
اردو صحافت کا ماضی حال اور مستقبل	ابوہریرہ یوسفی	82
اردو صحافت کے دو سو سالہ سفر پر منظوم تاثرات	ڈاکٹر احمد علی برقی	86

اپنی بات

صدائے شبلی

کا یہ شمارہ اردو صحافت کے ۲۰۰ رسال پر خصوصی نمبر ہے۔ اردو صحافت کا ماضی مشکلات میں رہتے ہوئے بھی تابناک نظر آتا ہے کیونکہ صحافت اور صحافی اپنے اپنے اغراض ومقاصد پر قائم رہے، حق گوئی، بے باکی کے معاملے میں اپنی خواہشوں کا احترام نہیں کیا بلکہ اپنا گلا گھونٹ دیا اور اپنی خواہشوں اور رایوں کو حق کے تابع کردیا۔ اردو صحافت کے آغاز و ارتقاء کا اگر جائزہ لیا جائے تو ہمیں یہ محسوس ہوتا ہے کہ چندے معدودے کو پرے کر کے اکثر روزناموں، ہفتہ واری، پندرہ روزہ، ماہناموں وغیرہ میں صحافی اپنے پیشہ کے ساتھ انصاف کررہا ہے اور وہ حق وانصاف کے حصول کے لیے اپنی جان کی بازی بھی لگانے میں ذرّہ برابر بھی نہیں ہچکچایا۔

اردو صحافت کی دوصدی کو یاد کرتے ہوئے ہمیں حال اور مستقبل پر نظر رکھنے کی ضرورت ہے۔ اردو صحافت کی موجودہ صورتِ حال تکلیف دہ ہے۔ معروف ومقررہ بات ہے کہ مایوسی کفر ہے اسی وجہ سے نئی صبح کی امید باقی رکھنی چاہئے کیونکہ اردو صحافت کا چراغ ابھی بھی چند لوگوں کی وجہ سے ٹمٹمارہا ہے۔ اگر تعصب اور تشدد کی عینک کو اتار کر اردو صحافت کی داخلی اور خارجی طور پر آبیاری کے لیے کمربستہ ہوجایا جائے تو یقیناً اردو صحافت کا مستقبل تابناک رہے گا۔ اس کے لیے قربانی کی ضرورت ہے۔ ہمارا یہ خصوصی شمارہ اردو صحافت کے ۲۰۰ رسال کا فاضل مضمون نگار کے ذریعہ جو کہ اپنے فن میں ماہر ہیں دوصدی کا تاریخی، تہذیبی، تنقیدی، ادبی اور مذہبی وغیرہ پہلو کا احاطہ کرے گا اور ادارہ یہ امید کرتا ہے کہ اس سے نئی کونپلیں نکلیں گی، مشمولہ مضامین کے مضمون نگار اور نظم نگار کا ادارہ شکریہ ادا کرتا ہے اور امید کرتا ہے آپ فاضل حضرات کا تعاون ادارہ کے ساتھ جاری رہے گا بالخصوص ڈاکٹر صالحہ صدیقی ادارہ کی طرف سے زیادہ شکریہ کی مستحق ہیں کیونکہ انہیں کے نظر کرم مسلسل کوشش اور توجہ کی وجہ سے ادارہ خصوصی نمبر شائع کرنے کی جسارت کررہا ہے، خداوند قدوس انہیں اس کا بہترین بدلہ دے آمین۔

محمد محامد ہلال اعظمی

حقانی القاسمی (نئی دہلی)

صحافت اور صارفیت

اخلاقیات اور اقدار سے جب صحافت منحرف ہونے لگتی ہے تو پھر وہ مشن نہیں مادیت کی مشین بن جاتی ہے!

صحافت کے آغاز سے ہی اس کے لیے ایک ضابطہ اخلاق کا تعین کرلیا گیا تھا جس کی روشنی میں مدتوں مثبت اور صحت مند صحافت کی مشعل جلتی رہی اور معاشرہ میں اس کی معتبریت مستحکم ہوتی رہی۔ مولانا محمد علی جوہر جیسے شعلہ بیاں مقرر نے بھی 'ہمدرد' نکالتے وقت ضابطہ اخلاق کا پاس رکھا اور یہ واضح کیا کہ اخبار کو ذاتیات سے مبرا ہونا چاہیے۔ نہ کسی دشمن کے خلاف زیادہ لکھنا چاہیے نہ کسی کی تعریف میں زمین و آسمان کے قلابے ملانے چاہئیں۔ مخالفت ہمیشہ اصول کے دائرے میں محدود رہے۔ اخبار کا مقصد یہ ہو کہ اپنے قوم کو فائدہ پہنچایا جائے نہ یہ کہ کسی دوسری قوم کو نقصان پہنچایا جائے۔ مذہبی مباحث سے بھی اخبار کو مبرا ہونا چاہیے۔ اسی طرح مولانا ابوالکلام آزاد نے بھی صحافتی منصب کا تعین کرتے ہوئے لکھا تھا کہ "اخبار نویس کے قلم کو ہر طرح کے دباؤ سے آزاد ہونا چاہیے۔ چاندی اور سونے کا سایہ بھی اس کے لیے سم قاتل ہے۔"

صحافت سے جڑے ہوئے ان بڑے اذہان اور دانشوروں نے صحافتی اخلاقیات کا تادم آخر خیال رکھا اور اپنے قلم کی حرمت کو بحال بھی مگر اب بدلتے وقت اور تبدیل ہوتی ترجیحات کی وجہ سے صحافتی قدریں مسخ کی جارہی ہیں۔ صحافت کو جس 'عدل' سے مشروط کیا گیا تھا اب اسی شرط سے انحراف کی صورتیں صحافت میں نمایاں ہونے لگی ہیں جس کے نتیجے میں تحفظات اور تعصّبات کا رنگ بہت ہی گہرا ہوگیا ہے اور مختلف قوموں کے مابین منافرت بڑھ گئی ہے۔ ایک رپورٹ کے مطابق ہندوستان میں فرقہ وارانہ فسادات کا ایک سبب متعصبانہ اور فرقہ وارانہ صحافت بھی ہے۔

صحافت میں اخلاقیات کی جگہ اب صارفیت نے لے لی ہے جس کی وجہ سے صحافت کا انسانی چہرہ مسخ ہوگیا ہے۔ آزاد اور شفاف صحافتی قدروں کی خلاف ورزی عام ہوگئی ہے۔ لوگ کہنے لگے ہیں کہ صحافت اب خبروں کی تجارت بن گئی ہے اور تجارتی مفادات کا تحفظ ہی صحافت کا مقصد اولیں بن گیا ہے۔ اس کی بدترین شکل پیڈ نیوز ہے۔ ادارتی صفحات کی خرید وفروخت کا یہ معاملہ نہایت خطرناک اور صحافتی اخلاقیات کے منافی ہے۔ پیڈ نیوز کا کینسر اتنی تیزی سے بڑھ رہا ہے کہ پریس کونسل آف انڈیا نے نہ صرف اس پر تشویش ظاہر کی ہے بلکہ اس پر نکیل کسنے کے لیے سرکار سے سخت اقدامات کی اپیل بھی کی ہے کیونکہ یہ پیڈ نیوز دراصل عوام کے ساتھ ایک طرح کا فراڈ ہے۔ جو چیزیں اشتہارات کے ذریعہ سامنے آنی چاہیے تھیں وہ خبروں کے صفحات پر جگہ پاتی ہیں۔ یہ ایک طرح سے انکم ٹیکس کی کی چوری بھی ہے ہندوستانی میڈیا سے جڑے ہوئے سرکردہ اور حساس صحافیوں میں سے پربھات جوشی اور سری پی سائی ناتھ نے پیڈ نیوز کے خلاف کھل کر لکھا مگر المیہ یہ ہے

کہ میڈیا کا ایک بڑا طبقہ ابھی تک پیسے کی بنیاد پر عوام تک غلط اطلاعات پہنچانے کے جرم کا ارتکاب کر ہی رہا ہے۔ میڈیا کی اس طرح کی حرکت کی وجہ سے جہاں جمہوری قدروں کو نقصان پہنچا ہے وہیں عالمی سطح پر ہندوستان کی امیج مسخ ہوئی ہے کہ کرپشن کے خلاف جس میڈیا کو آواز اٹھانی چاہیے تھی وہ خود بدعنوانی میں ملوث ہے۔ کئی جرنلسٹ یونین نے بھی پیڈ نیوز کی ایسی تفصیلات پیش کی ہیں کہ حیرت ہوتی ہے کہ صحافت میں یہ نیا فینومنا یا سنڈروم کس طرح اپنی جڑیں مضبوط کرتا جا رہا ہے۔

خبروں کی خرید و فروخت کا معاملہ اتنا بڑھ چکا ہے کہ صحافت سے جڑے ہوئے دانشوروں نے مین اسٹریم میڈیا کے کمرشیلائزیشن کو ایک بہت بڑے المیے سے تعبیر کیا ہے اور اسے صحافتی اخلاقیات کا زوال قرار دیا ہے۔ پیڈ نیوز نے کرپشن کے جس کلچر کو جنم دیا ہے اس کو ختم کیے بغیر آزاد اور شفاف صحافت ممکن ہی نہیں ہے۔

صحافت پر صارفیت کا یہ بھی منفی اثر پڑا ہے کہ ایک بڑا طبقہ یہ محسوس کرنے لگا ہے کہ اب صحافت صاحبان جاہ و ثروت کا سامان نشاط بن کر رہ گئی ہے۔ یہ صرف اشرافیہ اور اعلیٰ طبقے کے مفادات کے تحفظ کے لیے ہے۔ ستیندر رنجن نے ایک بڑا اچھا سوال اٹھایا ہے کہ آخر قومی صحافت صرف انہیں شہروں اور مقامات پر مرکوز ہو کر کیوں رہ گئی ہے جہاں سے ان کی مالی منفعت یا تجارتی مفادات وابستہ ہیں۔ ان کا یہ سوال بھی بہت اہم ہے کہ اپریل 2009 میں ماؤنواز جھارکھنڈ سے لتیہر ضلع میں ایک پسنجر ٹرین کو ہائی جیک کر لیتے ہیں تو اخبارات اور نیوز چینل میں یہ بہت معمولی خبر بنتی ہے لیکن اکتوبر 2009 میں جب ماؤنواز بنگال میں راجدھانی ایکسپریس کو روک لیتے ہیں تو یہ ایک بڑی اور بریکنگ نیوز بن جاتی ہے۔ حادثے ایک جیسے ہیں مگر فرق صرف یہ ہے کہ پہلی ٹرین کا تعلق غریب طبقہ سے ہے اور دوسری ٹرین کا تعلق دولت مند افراد سے۔ اس لیے یہ کہا جا سکتا ہے کہ آج کی صحافت کا رشتہ عوام سے زیادہ اشتہار دہندگان سے ہے یا انوسٹرس سے ہے۔ صارفیت صحافت میں اس طرح دخل انداز ہوگئی ہے کہ میڈیا کے لیے انسانوں کے بنیادی مسائل اہمیت کے حامل نہیں رہ گئے ہیں۔ پاپ میوزک، ڈسکو، فیشن پریڈ ہی اس کے ایشوز ہیں۔ ایک ممتاز صحافی پی سائناتھ نے یہ بڑا اہم سوال اٹھایا تھا کہ ودربھ میں زرعی بحران کو کور کرنے والے کتنے جرنلسٹ تھے۔ شاید صرف چھ جب کہ ممبئی کے Lakeme فیشن ویک کو کور کرنے کے لیے 512 جرنلسٹ تھے۔ کسی بھی ٹی وی چینل یا اخبار نے یہ نہیں بتایا کہ 1997 سے 2007 تک خودکشی کرنے والے کسانوں کی تعداد کتنی تھی۔

میڈیا اپنے بنیادی مقاصد اور اغراض سے منحرف ہوگئی ہے۔ صحافت کا کام شخصیت کا ارتقا اور بہتر انسانی معاشرے کی تشکیل ہے۔ روسو والٹیر اور تھامسن نے میڈیا کے ذریعہ ہی سماج میں انقلاب برپا کیا تھا۔ ذہنوں کے زاویے تبدیل کیے تھے۔ پہلے صحافت انسانی ذہنوں کو خواب عطا کرتی تھی مگر اب یہ خوف بانٹنے لگی ہے۔ نسلی ، مذہبی، ثقافتی سیاسی تنازعات کی خبروں کے ذریعہ بدگمانی اور تشدد کو بڑھاوا دینے کی کوشش کرتی ہے۔ جھوٹ اور فریب کی تشہیر کرتی ہے، عوامی رائے عامہ کو مینی پولیٹ کرتی ہے۔ بازاری ترجیحات کا خیال کرتی ہے۔ خبروں کی صداقت اور معتبریت سے زیادہ اس کا ارتکاز ٹی آر پی پر ہوتا ہے اور المیہ یہ ہے کہ چند ایک کو چھوڑ

کر صحافت نے جانب داری کو بڑھاوا دینے اور حقائق کو مسخ کرنے میں بھی اپنی ساری طاقت جھونک دی ہے۔ صحافت کا یہ سارا کھیل صرف اور صرف صارفیت کی وجہ سے ہو رہا ہے، مادیت نے صحافتی ضمیر کو مردہ کر دیا ہے۔ برنارڈ گلبرگ نے اپنی کتاب Bias: a CBS insider expose how the media distorts the news میں بہت سارے انکشافات کیے ہیں کہ کس طرح خبریں مسخ کی جاتی ہیں۔ اپنے حریفوں کو سبوتاژ کرنے یا بدنام کرنے کے لیے کس طرح کے حربے استعمال کیے جاتے ہیں۔ انہی وجوہات سے صحافت کی معتبریت ختم ہوتی جا رہی ہے۔ عوام کا اعتماد اٹھتا جا رہا ہے۔ اب عام انسان بھی خبروں کو شک کی نگاہوں سے دیکھنے لگا ہے۔ دراصل جب سے صحافت کو ایک خاص نظریے، طبقے کی تبلیغ وتشہیر اور دوسرے طبقے کی تذلیل کا ذریعہ بنایا جانے لگا ہے تب سے صحافت خود شکوک کے دائرے میں آ گئی ہے۔

صارفیت کی وجہ سے صحافت کا وہ چہرہ مسخ ہو گیا ہے جو کبھی عام انسانوں کے لیے ایک مشعل راہ اور مینارۂ نور کی حیثیت رکھتا تھا جسے جمہوریت میں چوتھے ستون کا درجہ نصیب تھا۔ اسے واچ ڈاگ بھی کہا جاتا تھا مگر اب وہی صحافت واچ ڈاگ کے بجائے لیپ ڈاگ بن چکی ہے اور انسانی احساسات اور مسائل کی ترجمان ہونے کی بجائے جدید صارفیت کا آلۂ کار بن کر رہ گئی ہے۔

یاد رکھئے صحافت کا یہ گرتا ہوا معیار معاشرے کے ذہن اور ضمیر کے زوال کا بھی آئینہ دار ہے۔ اس لیے صحافتی اقدار کو زندہ رکھنے کے لیے معاشرے کو بیدار ہونا ہی پڑے گا۔ ورنہ صحافت میں تیرگی بڑھتی ہی جائے گی۔

ڈاکٹر منور حسن کمال۔ایڈیٹر امنگ دہلی

حسرت موہانی اردو صحافت کا دُرِ نایاب

1857 کی جنگِ آزادی میں ناکامی کے بعد ہندستان میں مسلمانوں کے حالات بڑے دگرگوں تھے۔ برطانوی سامراج نے اخبارات کی آزادی سلب کرلی تھی اور بڑے پیمانے پر ان اخبارات کے خلاف کارروائی کی گئی، جنھیں برطانوی حکومت اپنے خلاف سمجھتی تھی، جس کا سبب یہ ہوا کہ فارسی اور اردو اخبارات کے بہت سے ایڈیشن بند ہوگئے۔ اردو صحافت پر جو برصغیر میں تیزی سے پھیل رہی تھی اس کا اثر ونفوذ کم ہونے لگا۔ پھر جب حالات قدرے معمول پر آنے شروع ہوئے تو اخبارات ورسائل بھی نکلنا شروع ہوئے۔ مصلحتِ وقت کے تحت اردو صحافت، جو گرم مزاج کی حامل سمجھی جاتی تھی، اس نے اپنا لہجہ نرم کرلیا۔ بیشتر اخبارات کی توجہ سیاست کی بجائے علوم وفنون کی جانب مرکوز ہوگئی۔

اس دور کے قابلِ ذکر اخبارات ورسائل میں سرسید احمد خان کے 'تہذیب الاخلاق' (تاریخ اجرا 24/دسمبر 1870) کے علاوہ کوئی مشہور اخبار یا رسالہ نظر نہیں آتا۔ اگرچہ تہذیب الاخلاق بھی سرسید کے منفرد نظریہ کا حامل تھا، وہ مسلمانوں کے لیے برطانوی حکومت کی حمایت کرنا مفید سمجھتے تھے اور سیاست کو (ایک حد تک) شجر ممنوعہ۔ ان کی حتی الامکان کوشش صرف یہی تھی کہ مسلمانوں میں جدید علوم سے رغبت پیدا ہوجائے۔ ان کا خیال ایک حد تک درست تھا کہ کوئی وقار اور عظمت کسی قوم کو اسی وقت حاصل ہوسکتی ہے، جب وہ اپنے ملک کی حکومت میں حصہ دار ہو۔ ان کے نقطۂ نظر سے اس دور میں اختلاف کیا گیا اور آج بھی ایک طبقہ ان کے نقطۂ نظر سے کسی نہ کسی صورت میں اختلاف رکھتا ہے۔

بیسویں صدی کے آغاز میں برِصغیر ہند کو برطانوی حکومت کے تسلط سے آزاد کرانے کے لیے آوازیں اٹھنے لگیں۔ یہ آوازیں اتنی تیز ہوگئیں کہ انھوں نے باقاعدہ ایک جدوجہد کی شکل اختیار کرلی۔ اسی زمانے میں عظیم گہوارۂ علم 'مدرسۃ العلوم' (علی گڑھ مسلم یونیورسٹی) کے ایک نوجوان گریجویٹ سید فضل الحسن (حسرت موہانی) نے انجمن اردوئے معلّٰی کے زیرِ اہتمام 'اردوئے معلّٰی' جاری کیا، جس میں مسلمانوں میں برصغیر ہند کو آزاد کرانے کی تحریک پیدا کرنے کے لیے بہت اہم ترغیبی مضامین شائع ہونے لگے۔ اس دور میں محمد علی جوہر کا انگریزی میں 'دی کامریڈ' (The, Comrade)، مولانا ابوالکلام آزاد کا 'الہلال' (1912) بھی جلوہ گر ہوئے۔ اسی دور میں ظفر علی خاں کا 'زمیندار' (1903) بھی مسلمانوں میں سیاسی بیداری پیدا کرنے کے لیے اپنی کوششوں میں مصروف تھا۔

اس زمانے میں کانگریس اور مسلم لیگ دو سیاسی جماعتیں تھیں، جن کی قیادت میں آزادی کی تحریک پروان چڑھ رہی تھی۔ برطانوی حکومت ہر اس آواز کو دبانے میں سرگرداں تھی، جو آزادی کے لیے بلند ہونے والی ہوتی تھی۔ برطانوی حکومت ہر اس جماعت یا فرد کی مخالفت اپنا فرضِ اوّلین سمجھتی تھی، جو قوم کو آزادی کی جانب لے جانے والے

راستے پر لے جاسکتی ہو۔ برطانوی سازشوں کا پردہ فاش کرنے والا اس دور میں 'اردوئے معلیٰ' ہی تھا، جو ان غلط فہمیوں کو دور کرنے کی کوشش کر رہا تھا، جو لوگوں میں جماعت کا اثر کم کرنے یا آپسی اختلاف کو بڑھانے کے لیے برطانوی حکومت کی جانب سے کی جارہی تھیں۔

اس سلسلے کا ایک اہم مضمون 'مسلمان اور پولیٹکس' اردوئے معلیٰ فروری 1904 میں شائع ہوا، جس کے مصنف شیخ عبداللہ تھے۔ اس مضمون میں برصغیر ہند کی سیاست میں مسلمانوں کے رول کے بارے میں بڑے مدلل انداز میں گفتگو کی گئی تھی۔ اس کے بعد مارچ اور اپریل کے شماروں میں 'مسلمان اور کانگریس' کے عنوان سے دو مضامین مزید شائع کیے گئے، جس کے سبب برصغیر ہند کے لوگوں میں سیاست سے دلچسپی پیدا ہونی شروع ہوئی اور لوگوں نے تحریک آزادی ہند میں حصہ لینے کے لیے سنجیدگی سے غور کرنا شروع کر دیا۔ خود حسرت موہانی نے کئی ایسے مضامین قلم بند کیے، جس سے لوگوں کے اندر کانگریس کے تئیں جو غلط فہمیاں پیدا ہو گئی تھیں انھیں دور ہونے میں مدد ملی۔

حسرت موہانی دل سے چاہتے تھے کہ برصغیر ہند کے مسلمان سیاسی جماعت میں شامل ہو کر جدوجہد آزادی میں بھرپور حصہ لیں اور برطانوی حکومت کو اپنے وطنِ عزیز سے نکال باہر کرنے میں سرگرم کردار ادا کریں۔ وہ کانگریس کے گرم دل کے قائد کہلائے جانے لگے۔

حسرت موہانی کو آزادیِ وطن کا نشہ آغاز جوانی سے ہی تھا۔ یہی وجہ ہے کہ تعلیمی دور میں ہی ان کی عملی زندگی اور تحریروں میں وہ جوش و جذبہ نظر آتا ہے، جس کی مثال دور تک نہیں ملتی۔ سید اشتیاق اظہر کے مطابق مولانا کو آزادی کی لگن پیدا ہونے کے اسباب و علل کیا تھے، ان کے بارے میں کچھ نہیں کہا جاسکتا، لیکن یہ خیال ضرور آتا ہے کہ اس زمانے میں ایم اے او کالج پر انگریز پرنسپل کا تسلط تھا اور کالج کے آنزیری سکریٹری کا اقتدار برائے نام تھا۔ یہ غیر منطقی نظام اور ردِ عمل ایک منطقی ذہن رکھنے والے نوجوان طالب علم کے لیے کسی صورت میں قابل قبول نہ تھا۔ انھوں نے حسرت موہانی کے ایک مضمون کا حوالہ دیا ہے۔ واقعہ اس طرح بیان کیا ہے کہ احاطۂ نمائش میں مدرسہ کے ایک طالب علم غلام حسین کو ایک کانسٹبل نے نہایت غیر مہذب اور درشت لہجے میں اس لغو عذر پر روکنا چاہا کہ وہاں صرف 'صاحب لوگ' ہی جاسکتے ہیں۔ اس لیے کہ اشیائے نمائش دیکھنے میں یوروپین — انڈین امتیاز قطعی بے معنیٰ تھا اور یہ بھی کہ اس سے قبل طلبا کے کالج اور شرفائے شہر کے لیے اس سے قبل کوئی اس طرح کی ممانعت نہیں تھی۔ یہ پابندی غلطی تھی اور غلام حسین نے اسے اپنے حق میں توہین خیال کیا اور اسے دھکا دے کر اندر چلے گئے۔ اس واقعہ کو کانسٹبل نے بڑھا چڑھا کر سپرنٹنڈنٹ آف پولیس کے سامنے پیش کیا۔ اس کی بنیاد پر پرنسپل نے غلام حسین کو معافی مانگنے کے ساتھ ساتھ چالیس روپے جرمانہ بھی کیا اور ہاسٹل سے ایک مہینے تک باہر جانے پر پابندی بھی لگا دی۔ غلام حسین اور دیگر طلبہ نے رفع شر کے خیال سے یہ حکم مان لیا، لیکن کچھ روز بعد دوسرا حکم آیا کہ غلام حسین 24 گھنٹے میں ہاسٹل خالی کر دیں، ورنہ اخراج کر دیا جائے گا۔ طلبہ نے ہنگامہ کیا۔ لیکن ٹرسٹیوں کے زور دینے پر طلبہ نے پھر پرنسپل سے معافی مانگی۔ غلام حسین نے ہاسٹل خالی کر دیا۔ مزید سات طالب علم بھی پرنسپل کے حکم پر کالج سے چلے گئے۔ (سید الاحرار، سید اشتیاق اظہر، مولانا حسرت موہانی میموریل

سوسائٹی کراچی، ص187,188، 1988)

یہی وہ حالات تھے جنھوں نے حسرت موہانی کو مدرسہ کے انتظامیہ سے بدظن کردیا تھا۔ ان کی انتظامیہ مخالف سرگرمیوں کے سبب انھیں تین مرتبہ مدرسہ سے اخراج کے مرحلے سے گزرنا پڑا۔

حسرت موہانی نے 1903 میں مدرسۃ العلوم سے بی اے کیا اور اس کے ساتھ ہی 'اردوئے معلیٰ' کا پہلا شمارہ جولائی 1903 میں جاری ہوا۔ اردوئے معلیٰ کے سرورق پر 'ایڈیٹر سید فضل الحسن حسرت موہانی بی اے' تحریر ہوتا تھا۔ اردوئے معلیٰ کے صفحات کی تعداد حالات اور وقت کے مطابق کم یا زیادہ ہوتی رہتی تھی۔ کبھی کبھی کئی ماہ کے مشترکہ شمارے بھی نکلتے تھے۔ اس لیے کہ 'اردوئے معلیٰ' اپنے دور میں کئی نشیب و فراز سے گزرا ہے۔ آخری دور میں کئی کئی مہینوں کا مشترکہ شمارہ نکلتا تھا اور صفحات بھی بہت کم ہوتے تھے۔ اردوئے معلیٰ کا اپنا پریس تھا۔ پہلے احسن المطابع علی گڑھ اور پھر جب حسرت نے اپنا ذاتی پریس قائم کیا تو سرورق کے نیچے اردو پریس تحریر ہوتا تھا۔

اردوئے معلیٰ کی زندگی کو تین ادوار میں تقسیم کیا گیا ہے۔ پہلا دور جولائی 1903 سے اپریل 1908 تک، اس درمیان مئی 1908 سے ستمبر 1909 تک اس رسالے کی اشاعت حسرت کی گرفتاری کے سبب جاری نہیں رہ سکی تھی۔ دوسرا دور اکتوبر 1909 سے جون 1013 تک، جولائی 1913 سے دسمبر 1914 تک اردوئے معلیٰ برطانوی سامراج کے جبر و استبداد کا شکار رہا۔ تیسرے دور میں اردوئے معلیٰ کانپور سے جنوری 1925 میں جاری ہوا اور مارچ 1942 تک جاری رہا۔ اس کے بعد اس کا کوئی شمارہ نظر نہیں آتا۔

اردوئے معلیٰ میں شعر وسخن کے ساتھ ساتھ سیاسی مضامین بھی اہتمام کے ساتھ شائع کیے جاتے تھے اور قارئین اس دورنگی سے بھرپور لطف لیتے تھے۔ سید سلیمان ندوی نے اردوئے معلیٰ کے ایک دلچسپ واقعے کی جانب اشارہ کیا ہے۔ وہ لکھتے ہیں: علامہ اقبال کی شہرت کا آغاز تھا۔ ان سے کسی نظم میں 'ان سے کہا' اور 'ان کو کہا' کہ محلِ استعمال میں چوک ہوگئی تھی، حسرت نے اس پر ان کو ٹوکا اور ان کو اس کے فرق کو سمجھایا تھا۔ (سید سلیمان ندوی (مقالہ) دو ماہی اکادمی، لکھنؤ، 1981 اترپردیش اردو اکادمی لکھنؤ، ص8)

'اردوئے معلیٰ' نے اس وقت سیاست میں حصہ لیا، جب اس سنگلاخ زمین کو شجر ممنوعہ تصور کیا جاتا تھا۔ علامہ شبلی نعمانی کے علاوہ شاید ہی کوئی اردوئے معلیٰ کے اس کردار کو پسند کرتا ہو، لیکن قارئین سے اپنی دورنگی (شعر وسخن اور سیاست) کے باعث اردوئے معلیٰ خوب خوب داد وتحسین حاصل کرتا گیا اور ایک بڑے طبقے کو نہ صرف اپنی جانب متوجہ کیا، بلکہ ان کی ضرورت بن گیا۔ علامہ شبلی نعمانی نے فروری 1904 کے شمارے میں شائع پہلے سیاسی مضمون 'مسلمان اور پولیٹکس' پر حسرت موہانی اور مضمون نگار شیخ عبداللہ کو خوب داد دی۔

'اردوئے معلیٰ' فروری - مارچ 1908 کا شمارہ 'مصطفیٰ کامل نمبر' تھا، جس میں مصطفیٰ کامل کی سوانح، تقریریں اور حالات قدرے تفصیل کے ساتھ پیش کیے گئے تھے۔ اپریل 1908 کے شمارے میں ایک طالب علم کا مضمون مصر میں 'انگریزوں کی تعلیمی پالیسی' مصنف کے نام کے بغیر شائع ہوا، جس نے برطانوی ایوان میں ہلچل

مچا دی۔ اس مضمون کی اشاعت کے سلسلے میں حسرت موہانی پر بغاوت کا مقدمہ قائم ہوا۔ انھیں قید سخت اور پانسو (500) روپے جرمانے کی سزا سنائی گئی۔ جب حسرت جرمانے کی رقم ادا نہیں کر سکے تو ان کا اثاثہ نیلام کردیا گیا۔ ان کے اثاثے میں شعرا کے تذکرے اور بعض دواوین کے نادر نسخے بھی شامل تھے، ان کا کتب خانہ اور پریس پولس کے ظلم وستم کی نذر ہوگیا۔ حسرت موہانی نے سب کچھ جانتے ہوئے مضمون نگار کا نام نہیں بتایا، خود سزا بھگتی اور ان کا اثاثہ تباہ ہوگیا۔ سید سلمان ندوی کے مطابق یہ مضمون اعظم گڑھ کے مشہور شاعر اور وکیل اقبال سہیل کا تھا، جو انھی کی طرح شعر وسخن اور سیاسی مذاق رکھتے تھے۔ لیکن عتیق صدیقی نے مقدمہ انتخاب حسرت (مرتب جلیل قدوائی کے حوالے سے لکھا ہے: یہ مضمون مولوی عبدالحق کی اردو اور فضل امین کی انگریزی تحریریوں کا خلاصہ تھا، جو اقبال سہیل نے تیار کیا تھا۔ انھو ں نے یہ بھی لکھا ہے کہ عدالت کی طرف سے ایک پروانہ مولوی عبدالحق کے نام بھی گیا تھا، لیکن اس کی تعمیل نہ ہوسکی تھی۔ (اردو ادب، حسرت نمبر 1981، انجمن ترقی اردو بورڈ، نئی دہلی، ص 55)

مقدمہ اور قید فرنگ کی تفصیل حسرت موہانی نے 'اردوئے معلیٰ' اکتوبر 1909 کے شمارے میں درج کی ہیں، جس میں بتایا گیا ہے کہ ان پر قید کے دوران کتنی سختی کی گئی اور ان سے اس دوران کتنا کام لیا گیا، لیکن آزادی کے متوالے اس مجاہد کو اس مقصد سے برطانوی سامراج ہٹانے میں کامیاب نہیں ہوسکے، جیسے جیسے ان پر سختیاں بڑھتی جاتی تھیں، حسرت موہانی کے اندر جوش و جذبہ اتنا ہی پروان چڑھتا جاتا۔

انھوں نے لکھا ہے:

"..... پولیٹیکل مقدمات میں ایک اور خرابی یہ بھی زیادہ ہے کہ ملزم اکثر فرنگیوں اور فرنگی حکومت کا دشمن سمجھا جاتا ہے اور اس لحاظ سے یوروپین مجسٹریٹ کے دل میں اس کی جانب سے بغض و کدورت کا پیدا ہونا ایک ایسا قدرتی امر ہے، جس کی نسبت ہم بھی اس کو الزام نہیں دے سکتے۔ یہ قصہ طول طویل ہے۔ بہرحال ایڈیٹر اردوئے معلیٰ کو علی گڑھ جیل اور چند روز کے بعد الہ آباد سینٹرل جیل میں جانا پڑا، جہاں حکام کے اشارے یا خود الہ آباد جیل کے یوروپین سپرنٹنڈنٹ کی رائے سے اس کو معمولی قیدیوں سے بھی زیادہ سختی برداشت کرنا پڑی اور تقریباً سال بھر ایک ایک من آٹا پیسے کی سخت مشقت سے سابقہ رہا، جو عام طور پر دیگر قیدیوں سے بھی ایک ماہ سے زیادہ نہیں لی جاتی.....

تاہم من جملہ دیگر سختیوں کے ایک کا بیان محض برسبیل تذکرہ نہ بطور شکوہ وشکایت ضروری معلوم ہوتا ہے، وہ یہ کہ عام طور پر قیدی جیل میں داخل ہونے کے بعد کام میں لگا دیے جاتے ہیں اور اگر وہ اپنا کام بخوبی انجام دیتے رہتے ہیں تو ان پر پھر کچھ ایسی سختی یا نگرانی نہیں کی جاتی....."

حسرت کسی نامعلوم وجہ سے ان تمام حقوق سے محروم رہے جو دوسرے قیدیوں کو مل جاتے تھے۔ مثلاً وہ جیل میں کہیں بھی آجا سکتے تھے۔ ہر کسی سے مل سکتے تھے۔ ان سے کام بھی کم لیا جاتا تھا۔ جیل کے اندر ان کی آزاد قیدی کی حیثیت ہوجاتی تھی، لیکن حسرت ان سب باتوں کو بے تکلف برداشت کرتے رہے۔ حسرت نے جیل کے تمام حالات 'مشاہداتِ زنداں' کے عنوان سے اردوئے معلیٰ میں بالاقساط

شائع کیے ہیں، جو دسمبر 1909 سے جنوری 1911 تک برابر شائع ہوتے رہے۔

حسرت جب جیل سے رہا ہوئے تو ان کے بعض بہی خواہوں نے مشورہ دیا کہ وہ اپنے مجلّہ اردوئے معلّٰی کی پالیسی بدل دیں اور خالص ادبی رسالہ شائع کریں، لیکن حسرت جب جیل سے باہر آئے تو برطانوی سامراج کے خلاف ان کے خیالات مزید پختہ ہو چکے تھے، وہ سیاست سے دور ہونے کی بجائے مزید قریب ہو گئے اور انھوں نے اپنے آزادی کے مشن اور مقصد کے لیے جدوجہد تیز کر دی۔

محمد یوسف ٹینگ اپنے ایک مضمون میں رقم طراز ہیں:

''نئے ہندوستان کی جب پہلی آئین ساز اسمبلی بنائی گئی تو حسرت موہانی واحد ممبر پارلیمنٹ تھے، جنھوں نے پارلیمنٹ کے اجلاس میں شرکت کے لیے یومیہ وظیفہ لینے سے انکار کر دیا اور کہا کہ ہمیں یہ اجرت دینے کا ہمارے رائے دہندگان کا مقدور نہیں ہے۔ انھوں نے سرکاری بنگلے میں ہی ٹھہرنے سے انکار کر دیا۔ انھوں نے پارلیمنٹ کے سامنے واقع چھوٹی مسجد کے حجرے میں قیام کیا۔ روکھی سوکھی کھاتے اور وہیں رہتے۔ صبح سویرے پیدل پارلیمنٹ جا پہنچتے۔ واضح رہے کہ اس مسجد کے احاطے میں اب سابق صدر جمہوریہ فخر الدین علی احمد کا مزار ہے۔'' (حسرت موہانی عاشق اور مجاہد (مقالہ) محمد یوسف ٹینگ، ماہنامہ شیرازہ، سری نگر، ص 114)

پروفیسر جگن ناتھ آزاد نے اپنے ایک مضمون 'آنکھیں ترستیاں ہیں' میں پاکستان کے اس وقت کے گورنر غلام محمد کے حوالے سے لکھا ہے کہ وہ جب ایک مرتبہ ہندستان آئے تو دورانِ گفتگو حسرت موہانی کا ذکر آ گیا۔ جواہر لعل نہرو نے غلام محمد سے کہا کہ تم ماہر مالیات ہو، میرے سامنے ایک مسئلہ ہے، اس کا حل مجھے بتاؤ۔ انھوں نے حیرت سے دریافت کیا کہ وہ کیا مسئلہ ہے۔ جواہر لعل نہرو نے بتایا کہ گزشتہ ماہ پارلیمنٹ کے سکریٹری میرے سامنے یہ مسئلہ لائے کہ حسرت موہانی نے کئی برس سے اپنا یومیہ وظیفہ وصول نہیں کیا ہے، جو ہر ممبر پارلیمنٹ کا حق ہے۔ وہ رقم بڑھتے بڑھتے تقریباً بیس ہزار روپے ہو گئی ہے۔ حسرت یہ رقم لینے سے انکار کرتے ہیں۔ محکمۂ خزانہ کہتا ہے کہ ہم اس رقم کو کس مد میں رکھیں یہ رقم انھیں دے کر ہمیں رسید بھیج دی جائے تو حساب صاف ہو۔ غلام محمد خود حسرت موہانی کے پاس گئے، لیکن انھوں نے کسی بھی قیمت پر یومیہ وظیفہ لینے سے انکار کر دیا۔

برصغیر کا یہ وہ عظیم مجاہد آزادی ہے، جس کی آزاد ہندستان میں آج بھی کوئی یادگار نہیں ہے۔ وہ ایک شاعر ہی نہیں، ادیب، نقاد اور صحافی ہونے کے ساتھ ساتھ ایسے سیاسی رہ نما اور مدبر تھے، جنھوں نے اس وقت آزاد ہند کی تجویز پیش کی تھی، جب کوئی اس کے بارے میں سوچ بھی نہیں سکتا تھا۔ (اردوئے معلّٰی کی ادبی خدمات، ڈاکٹر ریحان غنی، ص 111,113)

ڈاکٹر عابد رضا بیدار کے مطابق اردوئے معلّٰی پہلا ایسا ادبی رسالہ تھا، جس نے ملک میں صحیح سیاسی روح پھونکی اور چہل سالہ...... مخالفت اور حکومت کی بے جا خوشامد و تملق کی پالیسی کے خلاف جہاد شروع کیا۔ (ڈاکٹر عابد رضا بیدار، مقالہ ماہنامہ برہان، ستمبر 1962، ص 178)

بیگم حسرت نشاط النسا بیگم نے لکھا ہے کہ آزادی کا

یہ سرفروش مجاہد پہلے ہی سے تہیہ کیے ہوئے تھا کہ انگریزوں کو اس جگہ سے نکال کر ہی دم لے گا۔ اس لیے کالج سے نکلتے ہی سرکاری ملازمت حاصل کرنے کی بجائے انھوں نے میدانِ صحافت میں قدم رکھا اور اردوئے معلیٰ کا ڈکلیریشن حاصل کرلیا۔

'اردوئے معلیٰ' نے دسمبر 1904 کی اشاعت میں لکھا ہے:

''ہم ہندستانیوں پر اس وقت ایک غیر قوم حکمراں ہے، جس کے فوائد ہمارے فوائد کے بالکل خلاف ہے اور جو ہمارے ملکی معاملات کو اس نظر سے نہیں دیکھتی، جس نظر سے ہم خود اسے دیکھتے ہیں— پس اس حالت میں ہر ایک ہندستانی مدبر کا اہم ترین اور پہلا فرض ہندستان کے لیے ایک اچھی گورنمنٹ حاصل کرنا ہے۔'' (اردوئے معلیٰ، دسمبر 1904)

جنگ طرابلس اور بلقان میں برطانوی حکومت کی وعدہ خلافی کے بعد جب مسلمانانِ ہند تحریک بائیکاٹ [1] پر مجبور ہوئے تو 'اردوئے معلیٰ' نے بڑے سخت الفاظ میں جیمس مسٹن کو تہدیداً لکھا:

''اگر کسی سر جیمس کو مسلمانوں سے ہمدردی ہوتی اور ترک بائیکاٹ کا مشورہ اسلامی خیر خواہی پر مبنی ہوتا تو اس کی بہترین صورت یہ ہونا چاہیے تھی کہ وہ حکومت ہند کے ذریعے برٹش کیبنٹ کو اپنی مسلم آزار روش سے دست برداری اور کم سے کم اپنے اعلان غیر جانب داری پر مجبور کرتے۔ اس کے بعد اگر ہم کو صبر وضبط کا مشورہ دیا جاتا تو ایک بات بھی ہوتی، لیکن حقیقتِ حال اس کے بالکل خلاف اس طرح پر ہے کہ ایک جانب تو برطانیہ کا جنگی جہاز کریٹ میں ترکی جھنڈا گرا کر یونانی جھنڈا بلند کردیا۔ سر ایڈورڈ گرے دشمنانِ اسلام مثل روس وفرانس کے ساتھ مل کر ترکوں پر ہر قسم کا ناجائز دباؤ ڈالنے پر نظر آتے ہیں اور دوسری جانب ایک صوبے کا لیفٹیننٹ گورنر مسلمانوں کی آنکھوں میں خاک ڈال کر برطانیہ کو ترکوں کا ہمدرد اور صلح کا ماضی ظاہر کرتا ہے اور ہم کو اپنے رنج والم کے اظہار سے بھی بہ جبر باز رکھنا چاہتا ہے۔'' (اردوئے معلیٰ: فروری ومارچ 1913)

ڈاکٹر ریحان غنی نے اپنی کتاب 'اردوئے معلیٰ کی ادبی خدمات' میں کانپور کے کامریڈ عبدالرزاق جو کانپور میں حسرت کی رہائش گاہ کمال خاں کے احاطہ کے پاس رہا کرتے تھے، کے حوالے سے لکھا ہے کہ ایک مرتبہ کانپور انتظامیہ نے نقضِ امن کے خطرے کے پیشِ نظر کانپور میں روایتی طریقے سے ہولی کھیلنے پر پابندی لگا دی۔ حسرت نے یہ سنا تو پریشان ہوگئے اور یہ کہتے ہوئے گھر سے سڑک پر نکل آئے، ہولی کا روایتی جلوس ضرور نکلے گا۔ حسرت موہانی نے ایک ٹھیلہ لیا، اس پر بڑا سا ڈرم رکھا، اس میں رنگ گھول کر پانی تیار کیا گیا اور پچکاری لے کر حسرت ہولی کھیلنے لگے۔ لوگ حسرت کو ہولی کھیلتا دیکھ کر ساتھ آتے گئے۔ اس طرح حسرت کی قیادت میں ہولی کا جلوس کانپور کی سڑکوں پر ہولی کھیلتا ہوا پرامن طور پر گزر گیا۔ لوگوں نے دیکھا کہ حسرت موہانی رنگ سے نہائے ہوئے تھے، اس طرح حسرت نے ہولی کے رنگ کو بھنگ ہونے سے بچا لیا۔ (اردوئے معلیٰ، ڈاکٹر ریحان غنی، مطبوعہ اردو بک ریویو، نئی دہلی، اکتوبر 2007، ص 11)

ڈاکٹر قسیم اختر۔ اسسٹنٹ پروفیسر بہار

انیسویں صدی کی اردو صحافت کا معروضی جائزہ

یہ بات فی الحال محقق ہے کہ 'ایکٹا ڈائیورنا' Actadivrna، دنیا کا پہلا روزنامہ اخبار ہے۔ جسے 60 قبل مسیح میں روم کے گالیس جولیس سیزر (Gius Julius Ceasar) نے اپنے سینٹ کے احکامات و پیغامات کی ترسیل کے لیے جاری کیا تھا۔(۱)

اگر ہندوستان میں شروع ہونے والی صحافت کی بات کی جائے تو معلوم ہوگا کہ اکبر نے سب سے پہلے 'اخبار دربار معلیٰ' نامی قلمی اخبار جاری کیا، جس میں دربار اور شاہی محل کی خبریں ہوتی تھیں اور یہ سلسلہ دراز ہوتا ہوا شاہجہاں کے عہد تک پہنچا۔ اسی کا نام تبدیل کر کے بعد میں 'اخبار دارالخلافہ شاہجہاں آباد' رکھ دیا گیا۔ جب یہ اخبار بہادر شاہ ظفر تک پہنچا تو یہ 'سراج الاخبار' بن گیا۔ اگر غور کریں تو ان اخبارات کا مقصد لوگوں تک خبریں پہنچانا تھا۔ یہ الگ بات تھی کہ ان کے ذریعے شاہی فرامین افواج یا رعایا تک پہنچائے جاتے تھے:

''برصغیر میں غیر منظم و غیر مطبوعہ صحافت کی ابتدا گو کہ ترسیلی اطلاعات کے ''برید'' نظام سے ہوئی۔ اسے ارباب اقتدار نے اپنی حکمرانی کے نظام میں بہتری لانے کے لیے ایک خاص حربہ کے طور پر اپنایا مگر بعد کے دنوں میں ترسیل ابلاغ کی یہی کوشش تدریجی منازل طے کرتی ہوئی اخباری صحافت کے نقطہ آغاز کے طور پر متشکل ہوئی۔ پھر حصول اطلاعات کا یہ نظام وقائع نویسی اور خفیہ نویسی کے عمل سے گزرتے ہوئے باضابطہ صحافت کے لیے زمین ہموار کرنے کا باعث بھی بنا۔''(۲)

یہ سچی بات ہے کہ اخباری پرچے جو سرعام لگائے جاتے تھے وہ دراصل اخباروں کی بنیاد ہے۔ اس کی توسیع شدہ شکل آج ہمارے اخبارات کی ہے۔ اسی طرح رفتہ رفتہ خبروں کی ترسیل کے لیے بہت سے میڈیمس اپنائے جارہے ہیں جن کا واحد مقصد ترسیل و تفہیم ہے۔

چوں کہ ہمیں یہاں انیسویں صدی کی صحافت کا جائزہ لینا ہے اس لیے مکمل طور پر ہندوستان میں اردو صحافت کی تاریخ کا جائزہ لینا مناسب نہیں ہے۔ اتنی بات تو ظاہر ہے کہ عموماً 1822 میں جاری ہونے ''اخبار جام ''جہاں نماں'' کو اردو کا پہلا اخبار تسلیم کیا جاتا ہے۔ اس میں شک نہیں کہ ''جام جہاں نماں'' کے بانی ہری ہردت اور اڈیٹر عزت مآب لالہ سدا سکھ لعل تھے۔ یہ پہلا اخبار انگریزی تجارتی کوٹھی کے توسط سے نکلتا تھا کہ اس کی ہی ملکیت تھی۔ لیکن یہ بھی حقیقت ہے کہ اس پر بہت سے اشکالات وارد ہوئے ہیں۔ اس لیے ہمیں تاریخی تناظر میں بھی جھانکنا لازمی ہے کہ آخر مذکورہ اخبار ہی اردو کا پہلا اخبار ہے یا پھر کوئی اور؟ ڈاکٹر محمد اعجاز اس حوالے سے لکھتے ہیں:

''جام جہاں نما'' کی اردو اخبار کی حیثیت بہت جلد ختم ہوگئی۔ ابتدا اس کی اس طرح ہوئی کہ سات شماروں کے بعد آٹھویں شمارے میں جام جہاں نما میں فارسی کا ایک

کالم شروع کیا گیا جو بہت مقبول ہوا۔ فارسی کی مقبولیت کو دیکھتے ہوئے دوشماروں کے بعد اسے فارسی میں شائع کیا جانے لگا۔ گویا دسویں شمارے سے یہ اخبار پوری طرح فارسی ہوگیا۔ اس طرح اردو اخبار ''جام جہاں نما'' 2 مہینے ہی شائع ہو پایا۔''(۳)

اس اقتباس سے چند باتیں واضح ہوتی ہیں۔ اول ، کہ اس اخبار کی شروعات اردو میں ہوئی تھی۔ دوم، اردو پر فارسی کی مقبولیت غالب آگئی اور اردو میں نکلنے والا اخبار فارسی کی جانب مائل ہوگیا۔ کیوں کہ اس کے پڑھنے والوں کی تعداد بہت زیادہ تھی۔ سوم، مذکورہ اقتباس سے یہ بات ثابت تو ہوتی ہے کہ فارسی کی طرف یہ مائل ہوگیا مگر یہ واضح نہیں ہوتا ہے کہ فارسی کے اخبار میں اردو کی شمولیت ہوئی۔ گویا شروعات تو کم از اردو میں ہوئی۔

اس لیے اس بات کی تائید نہیں ہوتی ہے کہ اردو کا پہلا اخبار ''دہلی اردو اخبار ہے''۔ جیسا کہ مولانا حسین آزاد نے لکھا ہے '1836 میں اردو کا اخبار دہلی میں جاری ہوا اور یہ اس زبان میں پہلا اخبار تھا کہ میرے والد مرحوم کے قلم سے نکلا'۔(۴)

تاریخی حقائق سے یہ بات ثابت ہوتی ہے کہ اردو کا پہلا اخبار ''جام جہاں نما''، نہ مولوی باقر کا اخبار اردو کا پہلا اخبار تھا۔ یہ الگ بات ہے کہ جام جہاں نما رفتہ رفتہ فارسی کی طرف مائل ہوتا چلا گیا۔ چند اور حقائق ہیں جنھیں یہاں پیش کرنا مناسب ہے۔ چند محققین نے ''فوجی اخبار کو پہلا اخبار تسلیم کیا ہے۔ ٹیپو سلطان 1782 میں اپنے والد حیدر علی کے انتقال کے بعد سلطنت خداداد کے فرماں روا مقرر ہوئے۔ ان کی شہادت کا واقع 1799 میں پیش آیا۔ یہ وہ زمانہ تھا جب مشرق وسطی میں فرانسیسیوں کی سرپرستی میں اخبارات نکلتے تھے۔ 1799 تا 1800 قسطنطنیہ کے فرانسیسی مطبع نے ان اعلامیوں، خبرناموں اور اعلانوں کی اشاعت شروع کردی تھی جو فرانسیسی سفارت خانے کی طرف سے جاری ہوتے تھے۔ ٹیپو سلطان اور فرانسیسیوں میں خاص روابط تھے۔ اس کے بعد عبداللہ یوسف علی کی تحقیق کے مطابق ہندوستان کا پہلا انگریزی اخبار ''جیمس اگسٹس ہکی'' کا تھا اور ''ہکیز بنگال'' گزٹ کے نام سے جانا جاتا تھا۔ یہ اخبار 1870 میں جاری ہوا۔ اس لیے قرین قیاس ہے کہ انگریزی اخبار کے ردعمل میں فرانسیسیوں سے تحریک پا کر ٹیپو سلطان نے اخبار شائع کیا ہو۔(۵)

اس تاریخی حقائق کو دیکھیں تو معلوم ہوگا کہ ''فوجی اخبار'' کو نہ صرف اردو بلکہ ہر زبان کی اخبار میں اولیت حاصل ہے۔ اس حوالے سے گربچن رائے لکھتے ہیں:

''صحافت کی ہماری معروف تاریخیں بھی ٹیپو سلطان کے ''فوجی اخبار'' کے بارے میں خاموش ہیں۔ ٹیپو سلطان کے عہد میں میسور کی سرکاری زبان فارسی تھی۔ حکومت کے تمام فرمان، احکام اور مراسلات فارسی زبان میں تحریر ہوتے تھے۔ اس لیے عین ممکن ہے کہ انھوں نے کوئی اخبار جاری کیا ہو تو وہ سرکاری زبان فارسی میں ہو، بہرحال اس کا بھی کوئی شمارہ یا اقتباس ہمیں دستیاب نہیں ہے۔ ہوسکتا ہے کہ یہ ایک سرکلر قسم کی کوئی چیز ہو یا سلطان کی طرف سے کبھی کبھار کوئی مراسلہ جاری ہوا ہو جس میں فوج کے نام ان کے احکام درج کیے جاتے ہوں اور اس لیے اس کی تقسیم سرکاری ہدایات ہی کے تحت محدود رہی ہو۔ ایک اور ممکنہ صورت یہ بھی ہے کہ ٹیپو سلطان نے جن کا تقریباً سارا عہد

جنگ وجدل میں گزرا، اپنی افواج کی فوجی مشقوں کے لیے ہدایات یا قواعد کا کوئی قلمی پرچہ یا گائیڈ تیار کروایا ہو اور اس کی نقلیں بار بار فوج میں تقسیم کی گئی ہوں۔ بہر حال ان کا بھی کوئی ٹھوس ثبوت سامنے نہیں آیا۔ بہر حال جب تک کسی مصدقہ یا مستند ذرائع سے ٹیپو سلطان کے مبینہ فوجی اخبار کی تصدیق نہ ہو، اسے تسلیم کرلینا صداقت کے حق میں نہیں۔"(۲)

الغرض اردو اخبار کی شروعات کے متعلق کئی تاریخ موجود ہے۔ لیکن کم از کم اس بات پر اب اتفاق ہوگیا ہے کہ "جام جہاں نماں" اردو کا پہلا اردو اخبار ہے۔ "فوجی اخبار" کے تراشے موجود نہیں ہے اور نہ ہی صحیح بنیاد پر اس کی تاریخ متعین کی جاسکتی ہے۔ "جام جہاں نماں" کے مدنظر اردو صحافت کا دوسو سالہ جشن منایا جارہا ہے جو عین تاریخ کی رو سے مناسب ہے۔ اوپر کی سطور میں ہم نے جو حقائق پیش کیے ہیں کہ ان سے اتنا تو اندازہ ہوجاتا ہے کہ اردو صحافت کی طرف میلان ایک بدیہی حقیقت ہے۔ اب ذیل میں ہن چند اخبارات کے نام پیش کیے دیتے ہیں جو انیسویں صدی میں نکلتے تھے۔

یہ بات تو محقق ہے کہ انیسوی صدی میں اردو صحافت نے اپنے سفر کا آغاز کیا۔ 1822 میں 'جام جہاں نما' نے پہلی دفعہ اردو صحافت کو اولوالعزمی، بلند حوصلگی، حب الوطنی اور آزادخیالی کا ایسا جام پلایا، جس کا اثر آج بھی باقی ہے۔ گردشِ زمانہ کے سمندر میں بہتی بہتی آج اردو صحافت تقریباً دوسو برس کا سفر طے کرچکی ہے۔ یہ وہ اخبار تھا، جسے اردو صحافت کی خشت اول تو کہا جاسکتا ہے۔ تاہم چمن زارِ اردو صحافت کا خالص دلکش پھول نہیں۔

محققین نے انیسویں صدی میں شائع ہونے والے تقریباً 500 اخبارات کا انکشاف کیا ہے۔ آج جس طرح RNI سے سالانہ اخبارات کی تعداد منظر عام پر آتی ہے، ٹھیک اسی طرح اس دور کی حکومتیں بھی اخبارات کی تعداد پر مبنی سالانہ رپوٹ جاری کرتی تھیں۔ جسے اس عہد کے اخبارات اپنے مشمولات میں شامل کرتے تھے۔ قدیم فائلوں سے، شانتی رنجن بھٹاچاریہ نے جو فہرست تیار کی ہے، اس سے انیسویں صدی کے اخبارات ورسائل کی صحیح تعداد کا اندازہ ہوتا ہے۔ ظاہر ہے کہ اس چھوٹے سے مضمون میں سلسلہ وار تمام اخباروں کا ذکر ممکن نہیں۔ اس لیے بھٹا چاریہ کے مطبوعہ مضمون ماہنامہ 'آج کل، جلد نمبر 42، شمارہ نمبر 4-5 دسمبر 1983' سے چند اخبارات کی فہرست دی جاتی ہے۔ واضح رہے کہ اس فہرست میں کسی ترتیب کا خیال رکھا گیا ہے اور نہ ہی سن اشاعت لکھنے کا اہتمام ہے۔ چنانچہ ان کے مضمون کے علاوہ اردو صحافت کی دیگر دستاویزی کتابوں سے بھی اس فہرست سازی میں مدد لی جارہی ہے۔

'جام جہاں نما'، 'دہلی اردو خبار' کے بعد صحافتی ارتقا (انیسویں صدی کے اخبار) میں 'سید الاخبار 1837'، اخبار الاخیار، مظفر پور 1968، 'طلسم لکھنو 1856'، 'سحر سامری 1865'، 'اخبار اعجاز' 1856'، 'مخزن الاخبار' اور 'اشرف الاخبار' مارچ 1857'، 'صادق الاخبار 1854'، کوہ نور 1850، خیر خواہ ہند 1857، قران السعدین 1854، فوائد الناظرین 1845، سراج الاخبار 1841، آئینہ گیتی نما 1843، کریم الاخبار 1845، خلاصہ اطراف 1847، عجائب الاخبار 1847، مفید ہند اور تحفۃ الحدائق 1848

،پیسہ اخبار 1863، ضیاء الاخبار 1851، دقیق الاخبار 1851، وحید الاخبار 1852، نور مغربی اورنور مشرقی 1853 اور اسعدالاخبار 1857 ،اخبار سائنٹفک سوسائٹی 1866،تہذیب الاخلاق 1879،اودھ پنچ 1877،رسالہ دہلی سوسائٹی 1886، ہندوستانی اردو لغات 1882، مفید ہند،افسانہ ایام 1885، ادیب 1898، نوربصیرت 1884، انجمن اسلام، جامع الاخبار 1875،گلدستہ نتیجہ سخن 1822،اتالیق،ظریف بنارس، شوکت اسلام، رفارمر، مفید عالم وغیرہ اہم ہیں۔(۷)

اس فہرست سے چند باتیں واضح ہوتی ہیں۔ اول یہ ان اخبارات کے ناموں پر عربی اثرات زیادہ ہیں۔ کیوں کہ اکثر اخبارات کے نام میں اضافت ہے۔عموماً دو الفاظ سے جوڑ کر اخبار کا نام تیار کیا ہے۔دوسری بات یہ ہے کہ فارسی کے ساتھ ساتھ عربی اضافت کا بھی جوڑ ہے۔گویا ہم یہ کہہ سکتے ہیں کہ اردو اخبارات کے ناموں میں بھی عربی کا خاصا اثر نظر آرہا ہے۔''الف لام'' والی اضافت مشکل پسندی کی جانب بھی مشیر ہے اور اردو کے عربی میلان کی جانب بھی۔تیسری بات ہے کہ ان اخبارات کے ایڈیٹروں میں ہندو مسلم ناموں کی یکساں شمولیت نظر آتی ہے۔اس کے باوجود عربی اضافت سے نظریں چرانے کی کوشش نہیں کی گئی ہے۔چہارم،اردو کے پہلے اخبار کی شروعات میں غیر مسلم صحافی کا کردار رہا ہے۔یہ وہ چند حقائق ہیں جن پر باضابطہ کتاب لکھی جاسکتی ہے۔زبان اور نام کے تناظر میں ایک بڑی بحث قائم کی جاسکتی ہے۔یہ الگ بات ہے کہ یہ ایک دقت طلب کام ہے۔اس کے لیے رات دن ایک کرنا اور تاریخی حوالوں کو کھنگالنے کی ضرورت ہے۔

اس چھوٹی سی فہرست کے بعد مناسب ہے کہ ان اخبارات ورسائل کے ایڈیٹران ،موضوعات اور اس کے فروغ کے اسباب وعلل پر اجمالی بحث کرلی جائے۔میرا مطالعہ وثوق سے یہ تو نہیں کہہ سکتا ہے کہ انیسوی صدی میں شائع ہونے والے اخبارات ورسائل کے مدیر، پرنٹر اور پبلشر نصف سے زیادہ غیر مسلم تھے۔البتہ سرسری مطالعے سے بھی اتنا کہنے کی گنجائش ہے کہ اردو اخبارات کے تقریباً 40 فیصد ایڈیٹر اور مالک غیر مسلم تھے۔کولکاتا سے اردو اور انگریزی میں مشترکہ طور پر شائع ہونے والے 'اردو گائڈ' کے پرنٹر اور پبلشر ترلوک ناتھ تھے۔کپورتھلا لکھنو سے منظر عام پر آنے والے ہفت روزہ اخبار 'اخبار سہائے' کے مالک متھرا داس بہادر تھے۔'اردو اخبار اکولہ' کشن چند کی ادارت میں نکلتا تھا۔'دارالسلطنت' کولکاتا کے ایڈیٹر رام موہن گھوش ،'شام اودھ' کے مالک دوارکا داس، 'گلدستہ مضامین' متھرا کے ایڈیٹر چودھری شیام لال؛ 'مراۃ الہند' کے ایڈیٹر 'پنڈت شیام نرائن' ہفت روزہ 'نسیم آگرہ' کے ایڈیٹر 'بابو جمنا داس بسواس' تھے۔ان ایڈیٹروں کے تذکرے سے اندازہ لگایا جانا بالکل آسان ہے کہ اردو کا رشتہ کسی خاص مذہب کے ماننے والوں سے نہیں ہے۔ظاہری بات ہے کہ جس زبان کے فروغ اور تعمیر وترقی میں مختلف مذاہب کے ماننے والوں کا خون جگر شامل ہے، اس میں کیسے جانبداری اور مذہبی تشدد کی آمیزش ہوسکتی ہے۔اس لیے یہ کہنا مناسب ہے کہ اردو زبان وادب اور صحافت بھی اولین دن سے ہی سیکولرزم کے فروغ میں مصروف ہے اور حب الوطنی ہی اس کا شعار وشیوہ رہا ہے۔یہ الگ بات ہے کہ لسانی تعصب کی

کند چھری سے اردو کو ذبح کرنے کی کوشش کی جاتی رہی۔ لیکن یہ زبان اتنی سخت جان ثابت ہوئی کہ کسی بھی مذبح میں ختم نہ ہوسکی اور آج بھی اپنی حلاوت وشیرینی سے دلوں کو موہ رہی ہے۔ 1822 سے 1899 تک کے موضوعات کا جائزہ لیں تو اردو صحافت کے فروغِ سیکولرزم کو نظر انداز نہیں کرسکتے۔ کیوں کہ جس نازک دور میں اردو صحافت کا آغاز ہوا، اس دور میں ممکن ہی نہیں تھا کہ کسی جانبداری کو ہوا دی جائے۔ چنانچہ اردو صحافت نے اس ماحول یعنی اپنے ابتدائی دور میں جو کچھ کیا اسے فروغِ سیکولرزم کے تناظر میں انتہائی کامیاب کردار کہا جاسکتا ہے۔

ڈاکٹر مشتاق احمد نے مغربی ادبا اور دانشوروں کی کتابوں سے استفادہ کے بعد حب الوطنی کا جو تصور پیش کیا ہے، اس کے تناظر میں اگر اردو ادب وصحافت کے کردار کا جائزہ لیا جائے تو مطلقاً اردو حب الوطنی کے فروغ اور سیکولرزم کی علمبردار نظر آتی ہے۔ وہ لکھتے ہیں:

''ہمارے یہاں یہ غلط فہمی عام ہے کہ حب الوطنی اپنے مادرِ وطن کے جغرافیائی حدود سے محبت کرنے تک محدود ہے، جب کہ حقیقتاً حب الوطنی اپنے مادرِ وطن کے جغرافیائی حدود سے محبت کرنے کے ساتھ ساتھ وطن عزیز میں غلامی، غربت وافلاس پر تڑپنے والوں کی چیخ وپکار کو سن کر آہیں بھرنا، عیار ومکار سرمایہ داروں سے نفرت کا اظہار کرنا، ہر طرح کے استحصال کے خلاف جنگ لڑنے کا حوصلہ رکھنا، اپنی تہذیب وثقافت کی بقا کے لیے جدوجہد کرنا، سب داخل حب الوطنی ہے۔''(۸)

اس وسیع پسندانہ نظریے سے دیکھیں تو اندازہ ہوگا کہ انیسویں صدی سے ہی پر خطر ملکی حالات سے نبرد آزمائی، غلامانہ رویوں سے تنفر اور ملک کے دبے کچلے افراد کو سرمایہ داروں کے چنگل سے آزادی دلانا ہی اردو صحافت کا مطمح نظر رہا ہے۔

انیسویں صدی کے اخبارات کی گہرائی سے مطالعہ کرنے سے اندازہ ہوتا ہے کہ اس زمانے میں ایک اخبار میں اسلامی موضوعات پر مضامین شامل کیے جاتے تھے تو سیاسی مواد کا تجزیہ بھی ہوتا تھا۔ ادبی نوعیت کی تحریروں کو بھی شامل کیا جاتا تو فلسفیانہ مضامین بھی۔ اس طرح ہم یہ دیکھ سکتے ہیں کہ اس زمانے کے اخبارات میں حب الوطنی اپنی جگہ، تاہم اسلامی موضوعات اور عالم اسلام کے مباحث بھی موجود ہوتے تھے۔ گویا اس زمانے کے صحافی باضابطہ ادیب بھی ہوتے تھے اور صحافی بھی۔ تاہم رفتہ رفتہ آج ادیب اور صحافی کے درمیان بڑی بے دردی سے ایک لکیر کھینچ دی گئی ہے جو کہ غیر مناسب ہے۔ اخباروں میں اغلاط کی کثرت کا نتیجہ یہ بھی ہے کہ اخبارات کو ادیبوں سے دور کردیا گیا ہے اور موضوعات میں بھی بڑی تبدیلی آئی ہے۔ موضوعات کے حوالے سے اپنے مضمون 'انیسویں صدی میں اردو صحافت' مطبوعہ 'آجکل' میں سوم آنند نے لکھا:

''1857 کے اوائل کے ہندوستانی اخباروں میں عموماً اور اردو اخبارات میں خصوصاً انگریزوں اور ایرانیوں کی جنگ کی خبریں اس کثرت سے شائع ہوتی تھیں کہ جس کا کوئی حد وحساب نہ تھا۔ ان خبروں کا مواد اور ان کو پیش کرنے کا انداز اعلانیہ انتہائی انگریز دشمنانہ ہوتا تھا۔ یہی وجہ ہے کہ انگریزی کے اخباروں نے جن کے مالک اور ایڈیٹر یا تو انگریز تھے یا کمپنی کے وفادار، شور مچانا شروع کیا کہ اردو اخبارات نفرت اور بغاوت کی تبلیغ

کر رہے ہیں۔'(۹)

یہ تاریخ ہے کہ انیسویں صدی کی تیسری دہائی (1830) میں انگریزوں نے اردو کو سرکاری زبان کا درجہ دیا۔ اس طرح ہم دیکھ سکتے ہیں کہ اردو اخبارات کی شروعات سے کوئی 8 برسوں بعد ہی اردو کو سرکاری طور پر وقار حاصل ہو گیا۔ ظاہر ہے سرکاری زبان ہونے کی وجہ سے اردو اخبارات کی تعداد میں اضافہ ہوا۔ اس لیے ہم یہ کہہ سکتے ہیں کہ انیسویں صدی میں جو اخبارات نکلے ان میں ہر ایک کا مقصد زبان کا فروغ تو قطعاً نہیں ہو سکتا۔ ممکن ہے کہ چند ایک اخبارات اس لیے بھی نکلے ہوں گے کہ انھیں مالی امداد مل سکے، کیوں کہ اردو سرکاری زبان تسلیم کر لی گئی تھی۔ یہ محض ایک سوال ہے۔ کسی اخبار کے مقصد پر سوالیہ نشان نہیں ہے۔ پھر اگر کوئی اخبار مالی امداد کے تناظر میں بھی نکلے تو کیا اس سے زبان کا فروغ لازم نہیں آئے گا؟ اس لیے ہم یہ کہہ سکتے ہیں کہ انیسویں صدی کی صحافت کے فروغ میں جہاں حب الوطنی اور زبان سے محبت کا فلسفہ پوشیدہ تھا، وہیں سرکاری زبان ہونے کی وجہ سے بھی لوگ اردو صحافت کی طرف کشاں کشاں کھنچے چلے آئے۔

حواشی:

(۱) صحافت، ایم چلاپتی، صفحہ 16، بحولہ بہار میں اردو صحافت، ایجوکیشنل پبلشنگ ہاؤس، دہلی۔

(۲) صحافت، ایم چلاپتی، صفحہ 16، بحولہ بہار میں اردو صحافت، ایجوکیشنل پبلشنگ ہاؤس، دہلی۔

(۳) ڈاکٹر محمد اعجاز، مدارس کی اردو صحافت، کریٹیو اسٹار جامعہ نگر، نئی دہلی، 2017، ص 19۔

(۴) محمد حسین آزاد، آب حیات (طبع سوم) اتر پردیش اردو اکادمی لکھنو 1953، ص 204۔

(۵) معصوم مرادآبادی، اردو صحافت اور جنگ آزادی، ص 25-28۔

(۶) بحوالہ معصوم مرادآبادی، اردو صحافت اور جنگ آزادی، 1857، گربچن چندن، جام جہاں نماں، مطبوعہ حیدر آباد، 1996، ص 28۔

(۷) ماہنامہ آجکل دہلی، نومبر دسمبر، 1983۔

(۸) میزان سخن، ڈاکٹر مشتاق احمد، ایجوکیشنل پبلشنگ ہاؤس دہلی 2014، ص 25۔

(۹) دہلی میں ادبی صحافت کی تاریخ اور ایوان اردو، مہمنہ خاتون (مصنف وناشر)، 2010، ص 15۔

ابراہیم افسر۔اسسٹنٹ پروفیسر بہار

اُردو صحافت کے مزاج میں ماحولیاتی کثافت

اُردو صحافت میں ماحولیات کے حوالے سے لکھنے کی روایت اور ابتدا کا سراغ لگانا محققین کا کام ہے۔یہاں ہمارا مقصد اُردو کے معروف و مشہور صحافی، کالم نگار، محقق ناقد اور ادیب منور حسن کمال کے ماحولیات کے حوالے سے لکھے گئے مضامین کا تنقیدی جائزہ پیش کرنا ہے۔موصوف کی عمرِ عزیز کا زیادہ تر حصہ ''راشٹریہ سہارا'' کی ادبی صحافت کی خدمت میں گزرا ہے۔صحافتی مطالعہ ان کا شوق اور ذوق ہی نہیں بلکہ جنون کی حدیں پار کر گیا ہے۔2020 میں موصوف کی تازہ تصنیف ''اُردو صحافت کا مزاج'' (مجموعہ مضامین) جسے ڈاکٹر سید احمد خاں نے مرتب کیا ہے، زیورِ طبع سے آراستہ ہو کر منصۂ شہود پر آئی ہے۔اس کتاب میں منور حسن کمال کی صحافتی خدمات پر پروفیسر عبدالحق، مشرف عالم ذوقی، ڈاکٹر تابش مہدی، ڈاکٹر رونق شہری محمد عارف اقبال اور ڈاکٹر سید احمد خاں نے مضامین سپردِ قلم کیے ہیں۔پروفیسر عبدالحق نے انھیں ''اُردو صحافت کی آبرو کو برقرار رکھنے والا صحافی''، مشرف عالم ذوقی نے ان کی صحافتی خدمات کو ''میل کا پتھر اور ان کے قلم کو شمشیر'' سے تشبیہ دی ہے۔ڈاکٹر تابش مہدی نے انھیں ''اُردو صحافت کا رمز شناس'' اور عارف اقبال نے انھیں ''محقق صحافی'' کے لقب سے نوازا ہے۔2017 سے 2020 کے درمیان سپردِ قلم کیے گئے ان مضامین کو تین حصوں ''اُردو صحافت کا مزاج''، ''گرد و پیش'' اور ''جہاں نما'' میں تقسیم کیا گیا ہے۔پہلے حصے میں آٹھ دوسرے میں تئیس اور تیسرے میں سات مضامین شامل ہیں۔موصوف نے اس پوری کتاب میں آٹھ مضمون ایسے بھی شامل کیے جن کا تعلق ماحولیات سے ہے۔میرے مضمون کی اساس یہی آٹھ مضامین ہیں۔

ڈاکٹر منور حسن کمال نے اپنے صحافتی کالموں میں ماحولیات کی تبدیلی، فضائی آلودگی، پانی کے بحران، سیلاب کی شدتیں، زراعتی منصوبوں کی پامالی، غذائیت کے حصول اور تحفظ کے مسائل، گلوبل وارمنگ، ای کچرا اور پلاسٹک کے نقصانات وغیرہ پر گہرائی اور گیرائی کے ساتھ تبادلۂ خیال پیش کیا ہے۔موصوف نے اپنی کتاب ''اُردو صحافت کا مزاج'' میں بھی مذکورہ مضامین کو شامل کیا ہے۔موصوف نے ویسے تو اس کتاب میں سیاسی، سماجی، تعلیمی اور اصلاحی مضامین شامل کیے ہیں۔لیکن سب سے زیادہ فکر انگیز مضامین ماحولیات سے متعلق ہیں۔''فضائی آلودگی کا سدِّ باب وقت کی اہم ضرورت'' میں موصوف نے دہلی اور اس کے گرد و نواح میں پھیلنے والی اسماگ (Smog) کے لیے فضائی آلودگی کو ذمہ دار ٹھہرایا ہے۔ان کی نظر میں فضائی آلودگی صرف کسان پرالی جلا کر پیدا نہیں کرتے بلکہ کارخانوں سے نکلنے والا زہریلا دھواں، این سی آر کی سڑکوں پر بے شمار گاڑیوں کی آمد و رفت اور اینٹ بھٹوں میں جلنے والی آگ بھی ذمہ دار ہے۔موصوف نے دیوالی کے تہوار کے بعد پھیلنے والی فضائی آلودگی کے علاوہ بیڑی، سگریٹ کے دھوئیں کو بھی فضا میں آلودگی کی سطح میں اضافے کا ذمہ دار گردانا ہے۔فضائی آلودگی نے ہندوستانی موسموں کے نظام کو

بھی درہم برہم کر کے رکھ دیا ہے۔ بے موسم کی بارش اور ماحولیات کے سبب پیدا ہونے والے نئے نئے امراض نے ہماری زندگی کو متاثر کیا ہے۔ ایسے پُرآشوب ماحول میں حکومت اورعوام کی ذمہ داری ہے کہ وہ مستعدی کے ساتھ ماحولیات کے تحفظ کے لیے سر جوڑ کر بیٹھیں۔ نہیں تو وہ دن دور نہیں جب سانس لینا ہی ترقی کی علامت قرار دیا جائے گا۔

''پانی کا بحران :ٹکنالوجی کا امتحان'' میں منور حسن کمال نے ہندوستان میں پانی کے بحران کے سبب پیدا ہونے والے مسائل پر سیر حاصل گفتگو کی ہے۔ انھوں نے پانی جیسی قیمتی شے کی بربادی کے لیے انسانوں کی تساہلی کو ذمہ دار ٹھہرایا ہے۔ موصوف نے اپنے مضمون میں پانی کی کمی سے متعلق اُن رپورٹ کو قارئین کے سامنے پیش کیا جنھیں پڑھنے کے بعد پانی کی ایک ایک بوند کو بچانا ہر انسان پر لازم ہو جاتا ہے۔ ہندوستان میں چینئی واحد ایسا شہر ہے جہاں کا زمینی پانی بالکل ختم ہو گیا ہے۔ یہاں پانی کی سپلائی ٹرینوں کے ذریعے کی جاتی ہے۔ موصوف نے دہلی اور دیگر بڑے شہروں میں پانی کی بحرانی کیفیت سے نبرد آزما ہونے سے پہلے ہی اپنائی گئی حکمت عملی کی تعریف کی ہے۔ انھوں نے اس بات کی خوشی کا اظہار کیا کہ ہندوستان میں جلد ہی ایسی ٹیکنالوجی کا استعمال کیا جائے گا کہ ہر گھر میں پائپ سے پانی پہنچایا جائے گا۔ منور حسن کمال نے مضمون کے اختتام پر نئی نسل کو پانی کی قدر و قیمت سے روشناس کرانے کے لیے دلدوز انداز میں لکھا ''جھوم کے اُٹھی گھٹا اور ٹوٹ کے برسا پانی، جیسے موسم شاید چند برسوں میں اگلے زمانے کی کہانیاں نہ ہو جائیں۔

''سیلاب کی شدتیں اور ہماری ذمہ داریاں'' میں منور حسن کمال لکھتے ہیں کہ مانسون کے موسم میں ہندوستان کے بعض حصوں میں سیلاب تباہی اور بربادی لے کر آتا ہے اور بعض مقامات پر خشکی رہتی ہے۔ سیلاب زدہ مقامات پر جان و مال کا نقصان بہت زیادہ ہوتا ہے۔ موصوف لکھتے ہیں کہ اگر حکومت حکمت عملی کا مظاہرہ کرے تو سیلاب کے پانی سے ہونے والے نقصان سے بچا جا سکتا ہے۔ ان کی نظر میں اگر حکومت دیہی علاقوں میں بنیادی سہولتیں فراہم کرے تو شہروں کے ماحولیاتی نظام کا تحفظ کیا جا سکتا ہے۔ ساتھ ہی وہ یہ بھی لکھتے ہیں کہ سیلاب زدہ علاقوں میں کام کر رہے افسران کی بھی ذمہ داری ہے کہ وہ سال بھر مستعد رہ کر اپنے علاقوں میں سیلاب کی تباہ کاریوں کی روک تھام کر سکتے ہیں۔ موصوف نے ''بارش کا پانی عذاب جاں بھی، راحت کا ساماں بھی'' میں گذشتہ مضمون کی توسیع کی ہے۔ اس مضمون میں انھوں نے ہندوستان کے ایسے مقامات کی ذکر کیا جہاں بارش کا پانی وبالِ جاں بن جاتا ہے اور کہیں اسی پانی کو حاصل کرنے کے لیے مخصوص انتظامات کیے جاتے ہیں۔

''زراعتی منصوبوں پر عمل آوری کی ضرورت'' میں منور حسن کمال نے ہندوستانی کسانوں کے مسائل کو بیاں کیا ہے۔ ان کی نظر میں کسانوں کے سینے میں درد اور کسک اس بات کی ہے کہ ان کی فصلوں کا انھیں واجب دام نہیں مل پاتا۔ موصوف نے کسانوں کے مسائل کو لے کر کیے گئے احتجاجوں کی تاریخ پر بھی نظرِ ثانی کی ہے۔ کسانوں کے احتجاج کے سبب مرکزی حکومت اور صوبائی حکومتیں اپنے زراعتی قوانین میں ترمیم کرتی رہی ہیں۔ لیکن کئی بار ایسا بھی ہوا ہے کہ حکومتوں نے کسانوں کی آواز کو دبانے کے لیے غیر قانونی راستے بھی اختیار کیے ہیں۔ موصوف اپنے مضمون میں یہ بھی لکھتے ہیں کہ ضرورت اس بات کی ہے کہ کسان جو ہمارے ملک کی آبادی کا

70فی صد حصہ ہیں ان کے مسائل پر بھر پور توجہ دی جائے ،یہ توجہ اس لیے بھی ضروری ہے کہ وہ اپنی محنت ومشقت سے اناج ،دلہن اور گنا پیدا کر کے نہ صرف ملک کے کروڑوں لوگوں کی بنیادی ضرورت پوری کرتے ہیں بلکہ ملک کو بھی اس کے لیے بے شمار فوائد ملتے ہیں جن کو کسی طور نظر انداز نہیں کیا جانا چاہیے۔حکومت کے جو بھی کسانوں اور زراعت سے متعلق منصوبے ہیں انھیں بہر حال پورا کیا جانا چاہیے۔

مضمون ''غذائیت کا حصول اور تحفظ کا مسئلہ ہنوز حل طلب'' میں منور حسن کمال نے مقوی غذا کے حصول اور اس کی ضرورت ،اہمیت و افادیت پر تفصیلی گفتگو کی ہے۔انھوں نے لکھا ہے کہ اچھی خوراک کو حاصل کرنا ہر انسان کا بنیادی حق ہے۔لیکن بدقسمتی سے غذائی اجناس غریبوں سے دور ہوتی جارہی ہے اور دنیا کے چند فی صد لوگ اس پر قابض ہوتے جارہے ہیں۔موصوف نے غذائیت کی اُن رپورٹ کو اپنے مضمون میں شامل کیا جو ہمیں یاد دلاتی ہیں کہ دورِ حاضر میں ایک گلاس دودھ کا نہ ملنا انسانی صحت کے لیے کتنا نقصان دہ ہے۔ساتھ ہی وہ یہ بھی لکھتے ہیں کہ اگر بچوں کو بہتر خوراک نہیں ملے گی تو ان کی صحت کے ساتھ ذہنی نشو ونما اور پڑھنے لکھنے کی صلاحیت بھی متاثر ہوتی ہے۔اگر حاملہ عورت کو متوازن غذا نہیں ملے گی تو پیدا ہونے والے بچے کی صحت پر اس کا اثر نمایاں ہوتا ہے۔

''گلوبل وارمنگ سے بچاؤ ،مؤثر اقدامات' 'میں ،منور حسن کمال نے عالمی حرارت کے سبب موسمی تبدیلیوں پر غور وفکر کو موضوع بنایا ہے۔اس مضمون میں موصوف نے جدید ٹکنالوجی ،کارخانوں ،فیکٹریوں ،گندگی اور قدرتی وسائل کے بے جا استعمال سے گلوبل وارمنگ میں رو نما ہونے والی تبدیلیوں کا خاکا پیش کیا ہے۔اپنے مضمون میں موصوف نے صنعتی انقلاب کے سبب درجۂ حرارت میں تبدیلیوں پر فکر انگیز باتیں تحریر کی ہیں۔گلوبل وارمنگ کے سبب ہی اوزون سطح میں شگاف پڑنے اور دنیا کے درجۂ حرارت میں اضافے کی خبریں موصول ہوتی رہتی ہیں۔گلیشیروں کا پانی ختم ہونے ،بڑے دریاؤں میں خشکی ،سمندر کی سطح میں اضافے کی وجہ سے بھی گلوبل وارمنگ اب ہماری زندگی کا مستقل موضوع بن چکا ہے۔موصوف کا خیال ہے کہ اگر حکومت شجر کاری ،عوامی بیداری اور ماحولیات سے متعلق منصوبوں پر بہتر طریقے سے عمل درآمد کرے تو اس کے مثبت نتائج جلد ہی ہمیں دیکھنے کو ملیں گے۔

''ای کچرا: خدشات اور سد باب'' منور حسن کمال کا ایک معلوماتی مضمون ہے۔اس مضمون میں انھوں الیکٹرانک سامان کے کباڑ کو موضوع بحث بناتے ہوئے لکھا کہ ای کچرا پیدا کرنے والی کمپنیاں ایسے آلات بنائیں تا کہ اس مسئلے سے نجات حاصل ہو سکے۔دورِ حاضر میں کمپیوٹر ،ٹیلی وژن ،اسمارٹ فون ٹیب لیٹ ،فریج ،واشنگ مشین ،انڈکشن کوکر ،اے سی بیٹریاں ،الیکٹرانک گھڑیاں ،کنڈیشنر مائکرو چپس ،فلاپی ،سی ڈی وغیرہ ہماری زندگی کا اٹوٹ حصہ بنے ہوئے ہوئے ہیں ،لیکن جب یہ الیکٹرانک سامان خراب ہو جاتے ہیں تو یہ ای کچرا کہلاتا ہے۔یورپین ممالک نے تو اپنے یہاں ای کچرے کی ری سائکلنگ کا بندوبست کیا ہوا ہے لیکن ایشیائی ممالک کے پاس سہولیات کا فقدان ہے۔

''پلاسٹک کے نقصانات و فوائد اور شعور و آگہی'' میں منور حسن کمال نے پلاسٹک کے بڑھتے استعمال اور اس کے خطرات پر روشنی ڈالی ہے۔موصوف نے اس

مضمون میں دنیا بھر میں پلاسٹک کے کچرے سے نجات حاصل کرنے کے طور طریقوں کا موازنہ کیا ہے۔ پلاسٹک کے فوائد کم اور نقصانات زیادہ ہیں۔کوہ ہمالیہ، تاریخی عمارتوں اور سمندر کے کنارے پلاسٹک کی بوتلوں کے انبار ہمیں نظر آتے ہیں۔ یہاں تک کہ بعض مرتبہ یہ بھی دیکھنے میں آتا ہے کہ کوڑے کے ڈھیر میں سے جانور پلاسٹک چبالیتے ہیں جس کی وجہ سے ان کی موت بھی ہو جاتی ہے۔ موصوف نے اقوام متحدہ کی ایک رپورٹ کا حوالہ دیتے ہوئے لکھا ہے کہ دنیا بھر کے سمندروں میں ہر برس تقریباً 80 لاکھ میٹرک ٹن پلاسٹک پھینک دی جاتی ہے۔2014 کے دستیاب اعداد و شمار کے مطابق امریکیوں نے 330 لاکھ ٹن پلاسٹک سمندروں میں پھینکی تھی۔ موصوف نے اس مضمون میں یہ بھی بتایا ہے کہ دنیا کے کئی بڑے شہروں میں پلاسٹک کے کچرے کی ری سائکلنگ کی جاتی ہے۔ موصوف نے امید ظاہر کی ہے کہ پلاسٹک کے متبادل اور عوامی بیداری کے سبب ہی پلاسٹک کے کچرے سے نجات حاصل کی جاسکتی ہے۔

اکیسویں صدی کی ابتدا کے ساتھ عالمی پیمانے پر ماحولیات کے بدلتے منظرنامے نے صحافیوں کی توجہ کا رخ اس جانب کیا۔1992 میں اقوام متحدہ کے ذریعے ''ریوڈی جنیریو میں Earth Summit'' کا انعقاد کیا گیا۔ ریو کانفرنس میں اس بات کا خدشہ ظاہر کیا گیا کہ دنیا کے ماحول کے تبدیل ہونے کے پیچھے زمین اور جنگل کے بے جا استعمال کرنا ہے۔ اس کانفرنس کے اہم نکات کو صحافیوں نے اخبارات پہلے صفحے کی زینت بنایا۔ جنوبی افریقہ میں 2002 میں ریو کانفرنس میں پاس کی گئی قراردادوں کا احیاء کیا گیا۔ اس کانفرنس میں تیزی سے دنیا کے بدلتے ماحولیاتی نظام پر تبادلۂ خیال پیش کیا گیا۔ ہندوستان میں بھی ماحولیات کو نصاب میں شامل کیا گیا اور عوامی بیداری مہمات کا آغاز کیا گیا۔ اس ضمن میں اخبارات و رسائل میں مضامین سپردِ قلم کیے گئے۔ جہاں تک اُردو صحافت کی بات ہے تو اس نے بھی اس تعلق سے اپنا کلیدی کردار ادا کیا۔

منور حسن کمال کے مذکورہ مضامین کے ڈسکورس سے واضح ہوتا ہے کہ انھوں نے عملی مشاہدے، تحقیق اور ذاتی تجربے کی بنیاد پر ان موضوعات کا انتخاب کیا جن پر بہت کم گفتگو کی جاتی ہے۔ ان کی کتاب ''اُردو صحافت کا مزاج'' میں یوں تو سماجی و سیاسی مسائل پر بہت سے مضامین شامل ہیں لیکن میں نے اپنی توجہ کا مرکز و محور صرف مذکورہ مضامین کو ہی بنایا۔ ان مضامین کا تعلق ہماری سماجی زندگی اور سیاسی بصیرت سے بھی ہے۔ ماحولیات ایک ایسا موضوع ہے جس پر جتنی باتیں کی جائیں کم ہے۔ ماحولیات کی شفافیت ہمیں ایک ذمے دار شہری ہونے کا احساس دلاتی ہے۔ کون چاہے گا کہ اس کا گھر کوڑے کا ڈھیر اور بیماریوں کا مرکز اور اس کا جسم لاعلاج بیماریوں کی تجربہ گاہ بنے؟ کوئی نہیں چاہے گا کہ اس کا بچہ مقوی غذا نہ ملنے کے سبب تڑپ تڑپ کر مر جائے؟ کون چاہے گا کہ صاف آب و ہوا کی عدم دستیابی کی وجہ سے اس سے جینے کا حق سلب کر لیا جائے۔ میرا ماننا ہے کہ اگر ماحولیات کی بات اب نہیں کی جائے گی تو کب کی جائے گی؟ ان تمام سوالات کے مدنظر جب ہم منور حسن کمال کی کتاب کا مطالعہ کرتے ہیں تو صرف اُردو صحافت کے مزاج سے واقفیت ہی نہیں ہوتی بلکہ منور حسن کمال کے سنجیدہ اور ذمہ دار صحافی ہونے کا علم ہمیں ہوتا ہے جو اپنے آس پاس اور دنیا جہان کے مزاج و ماحول کا رمز شناس ہے۔

عبدالباری قاسمی (نئی دہلی)

میڈیا، ماس میڈیا روایت اور مسائل

میڈیا اور ماس میڈیا کا اطلاق ذرائع ابلاغ پر ہوتا ہے، اگراس کی روایات کا جائزہ لیا جائے تو تخلیق انسانی سے ہی اس کا رشتہ جڑا ہوا معلوم ہوتا ہے، یہ الگ بات ہے کہ ہر دور میں ابلاغ کے طریقے مختلف رہے ہیں ،ابتدا میں اشارات کے ذریعہ ابلاغ کا کام لیا جاتا تھا پھر زبان ایجاد ہوئی، پھرتحریر یہ بھی مختلف ادوار سے گزر کر خط اور حروف تک پہنچی ،ابتدا میں چمڑے ،درختوں کی چھال اور ہڈی وغیرہ پر لکھنے کا رواج ہوا اس کے بعد کپڑے پھر طویل زمانہ کے بعد کاغذ کی ایجاد عمل میں آئی اور اس طرح ذرائع ابلاغ کا عمل بڑھتے بڑھتے خبرنامہ تک پہنچ گیا ۱۵۷ق م میں رومن راج میں ایک قلمی خبرنامہ acta durna کے نام سے جاری ہوتا تھا اس پہلے خبرنامے کا تذکرہ نہیں ملتا پھر ۱۵۶۶ء میں vanis شہر میں ایک شخص حکومت وقت کی طرف سے تیار کردہ خبری مواد لوگوں کو سناتا تھا اور ایک گزیٹا وصول کرتا تھا اس کے بعد انگلستان نے اس باب میں ترقی کی اور news sheet کے نام سے خبرنامہ جاری ہوا، ۱۶۰۹ء میں جرمنی سے باضابطہ مطبوعہ اخبار کی اشاعت شروع ہوئی وہ سلسلہ ہندوستان بھی پہنچا اور اشوک و مغل کے عہد ہوتے ہوئے انگریزی عہد میں ہکو بنگال گزٹ کے نام سے باضابطہ اخبار کا آغاز ہوا، اس کے بعد جو ترقی شروع ہوئی تو میڈیا نے پیچھے مڑ کر نہیں دیکھا اور اخبارات، ریڈیو اور ٹیلی ویژن تمام وسائل یہاں بھی مہیا ہو گئے اور جام جہاں نما اور اردو اخبار سے لے کر ہزاروں اخبارات اردو سمیت درجنوں زبانوں میں چھپ رہے ہیں اور لوگوں کی خبری ضرورتوں کو پوری کر رہے ہیں، یہ الگ بات ہے کہ میڈیا کے مسائل آج جداگانہ ہیں وہ پہلے کی طرح سچی صحافت کا نمونہ نہیں پیش کر پا رہی ہے اور بہت سے لوگ ذاتی مفاد کے لیے اس کا استعمال کر رہے ہیں جو انتہائی مہلک اور مضر ہیں اس چیز نے میڈیا کے ہی باوقار پیشہ پر سوالیہ نشان لگا دیا ہے۔

میڈیا اور ماس میڈیا

میڈیا اور ماس میڈیا دونوں انگریزی لفظ ہیں media کے لغوی معنی ذریعہ اور mass کے معنی لوگ یا بڑے پیمانے پر ہوتا ہے؛ البتہ ماس میڈیا کے معنی ذرائع ابلاغ آتے ہیں ،اصطلاحی اعتبار سے میڈیا کہا جاتا ہے حقائق ،اخبار، اور آراء کو مختلف ذرائع ابلاغ کے ذریعہ لوگوں تک پہنچانا ہے یہ ابلاغ مختلف طریقے سے ہوتا ہے اولا اسے دو حصوں میں تقسیم کیا جا سکتا ہے۔

۱۔ پرنٹ میڈیا: اس زمرہ میں اخبارات و رسائل ،کتب اور پمفلٹ وغیرہ آتے ہیں

۲۔ الیکٹرانک میڈیا: اس زمرہ میں وہ تمام چیزیں آتی ہیں جن کے ترسیل میں ہمیں برقیات کی ضرورت پڑتی ہے، اس کو ہم دو حصوں میں تقسیم کر سکتے ہیں، ا۔ سمعی اس زمرہ میں ریڈیو ،ٹیلیفون اور وائرلیس وغیرہ کو شامل کر سکتے ہیں ،۲۔ سمعی بصری اس حصہ میں ٹیلی

ویژن وغیرہ شامل ہیں۔

میڈیا منظر پس منظر

اگر میڈیا کے پس منظر کا جائزہ لیا جائے تو اس کا رشتہ تخلیق انسانی سے ہی جڑا معلوم ہوتا ہے؛ اس لیے کہ دنیا میں جب انسانوں کی تخلیق ہوئی تو انہیں ایک دوسرے تک پیغام پہنچانے کی ضرورت پڑتی ہوگی؛ مگر ابتدا میں اشاروں کے ذریعہ یہ کام عمل میں آنے لگا، پہلے یہ اشارے ذاتی تھے پھر عوامی بن کر سامنے آئے، پھر ایک لاکھ سال قبل مسیح غیر ترقی یافتہ زبان (Embryonic) کی شروعات ہوئی جس نے میڈیا اور ابلاغ کے عمل کو کافی تقویت پہنچائی اور اپنی بات بہت سے لوگوں تک پہنچانا آسان ہوگیا، ان آوازوں میں بھی صوتی اشارے ہونے لگے ابتداء میں ذاتی اور پھر عوامی ؛مگر یہ زبان اور آواز موجود لوگوں تک ہی پہنچائی جاسکتی تھی اور اسے محفوظ رکھنے کا ذریعہ بھی نہیں تھا، اس ضرورت کے پیش نظر تحریر کی ایجاد ہوئی، تیس ہزار سال قبل مسیح کے بہت سے ایسے پتھر اور دیگر ساز وسامان ملتے ہیں جن پر ہمیں ایسی لکیریں ملتی ہیں جو تحریر کی ایجاد کی طرف اشارہ کرتی ہیں اور اندازہ ہوتا ہے کہ انسانوں نے بہت پہلے ہی تحریر ایجاد کر دیا تھا، دس ہزار سال قبل مسیح بیل وغیرہ کی تصویر بنا کر اور مختلف لائنیں کھینچ کر تصویری خط کی ایجاد ہوئی، پھر جوں جوں زمانہ ترقی کرتا گیا یہ تصویریں مختصر ہوتی گئیں اور لکیروں میں بدل گئیں اور پھر علامتی خط کی شروعات ہوئی، پھر انہیں علامتوں نے حروف تہجی کی شکل اختیار کی اور اس طرح تمام حروف کے آواز متعین ہوگئے اور اس طرح ہر عہد میں ابلاغ کا عمل جاری رہا اور لوگ ایک دوسرے تک اپنے خیالات، افکار، آرا اور اطلاعات پہنچاتے رہے اور ۷۵۱ ق م میں ایک قلمی خبرنامہ acta durna جاری ہوا محققین یہیں سے پرنٹ میڈیا کا آغاز بتلاتے ہیں؛ مگر اس دور میں کاغذ موجود نہیں تھا لوگ چمڑے، پتھر، ہڈی اور درخت کے چھال وغیرہ پر لکھتے تھے، اس سمت میں چین نے ترقی کی اور ریشم کے کپڑوں پر کتب، رسائل اور خبرنامے لکھے جانے لگے ؛مگر ریشم کمیاب بھی تھا اور مہنگا بھی اس لیے بہت زیادہ استعمال نہیں کر سکتے تھے، اس ضرورت کو چین کے تساہل لن نامی شخص نے پرانے سوتی کپڑوں، لکڑی کی چھلن اور دیگر بوسیدہ چیزوں کو شامل کرکے ۱۰۵ء میں کاغذ ایجاد کیا، جس نے میڈیا کے ارتقاء میں اہم کردار ادا کیا اس کے بعد ایران میں عربوں کے قابض ہونے کے بعد آٹھویں صدی عیسوی میں سمرقند میں کاغذ کا پہلا کارخانہ قائم ہوا اس کے بعد مختلف ذرائع کے ذریعہ ہر دور میں ابلاغ کا عمل جاری رہا اور ۱۵۶۶ء میں vanis شہر میں ایک شخص قلمی نوٹ لے کر کھڑے ہوکر خبریں سناتا تھا اور ہر خبر سننے والے سے وہاں کا رائج سکہ ''گزیٹا'' وصول کرا تھا اسی گزیٹا سے گزٹ نام پڑا اور آج اخبارات اور بہت سے سرکاری کاغذات پر گزٹ کا اطلاق ہوتا ہے، سولہویں صدی کے سلسلہ میں ایک رپورٹ ملتی ہے کہ انگلستان میں اگر کوئی، واقعہ، حادثہ یا ایسا معاملہ پیش آتا جس کا تعلق عوام سے ہو تو حکومت news sheet کے نام سے ایک خبرنامہ جاری کرکے عوام کو اطلاع دیتی تھی، اس کے علاوہ اس عہد میں ڈرامے وغیرہ بھی واقعات کو عملی شکل میں پیش کرکے ابلاغ کا فریضہ انجام دے رہے تھے، سنیما اور فلم کے ایجاد میں ڈرامہ کو اہم کڑی کہا جاسکتا ہے۔

پرنٹ میڈیا

اگر ہم تحریری میڈیا کی بات کریں تو طباعت کے آغاز

سے قبل ہی ہمیں اس کے نمونے ملتے ہیں، عتیق صدیقی نے اس تعلق سے لکھا ہے کہ ''حضرت مسیح سے کوئی ۱۵۷ برس پہلے رومن راج میں روزانہ ایک قلمی خبرنامہ جاری کیا جاتا تھا، جس میں سرکاری اطلاعیں، نیز میدان جنگ کی خبریں ہوتی تھیں اس قلمی خبرنامہ کو ''اکٹا ڈیورینا'' کہتے تھے، یہ لاطینی زبان کے الفاظ acta اور diurna سے مرکب ہے، اول الذکر کے معنی ہیں کارروائی اور مؤخر کے معنی ہیں روزانہ ،(ہندوستانی اخبار نویسی کمپنی کے عہد میں) اس کے علاوہ سولہویں صدی میں وینس شہر اور انگلستان میں بھی خبر رسانی کے قلمی ذرائع کی اطلاع ملتی ہے؛ مگر تحقیق کے مطابق دنیا کا پہلا مطبوعہ اخبار 1609ء میں جرمنی سے جاری ہوا تھا، جس کا نام Avisa relation oderzeitung تھا ،اس کے بعد 1611ء میں برطانیہ سے نیوز فرام اسپین'' جاری ہوا تھا چوں کہ یہ پورے طور پر اخباری شکل میں نہیں تھا؛ اس لیے بعض لوگ اسے باضابطہ اخبار نہیں مانتے، پہلا باضابطہ انگریزی اخبار 1620ء میں برطانیہ سے جاری کیا گیا جس کا نام ''ویکلی نیوز'' تھا، پھر 1631ء میں فرانس سے ''گزٹ ڈی فرانس'' امریکہ کے بوسٹن شہر سے 1690ء میں ''پبلک آکرنریسز'' (public occuranerices) اور 1702ء میں لندن کا پہلا روزنامہ اخبار ''لندن ڈیلی کورانٹ'' شائع ہوا، اس طرح پوری دنیا میں یہ سلسلہ جاری ہوگیا اور بیسویں صدی تک پہنچتے پہنچتے ہر ملک میں سینکڑوں اخبارات نظر آنے لگے۔

ہندوستان میں میڈیا کا آغاز اور پرنٹ میڈیا

ہندوستان میں بھی قدیم زمانہ ہی سے خبر رسانی اور ابلاغ کا عمل شروع ہو چکا تھا، منومہاراج پہلے شخص ہیں جنہوں نے ہندوستان میں خبر رسانی کا دستور مقرر کیا تھا، اس کے علاوہ بادشاہ اشوک کے عہد میں باضابطہ خبر رسانی کا محکمہ بن گیا تھا اور اس میں وقائع نگار، خفیہ نویس، سوانح نگار اور ہرکارے کو ملازمت دی گئی تھی تاکہ media کا نظام مضبوط ہو سکے، اس کے بعد شیر شاہ سوری کا جب عہد آیا تو انہوں نے ڈاک اور خبر رسانی کا بہت ہی منظم اور مستحکم نظام مقرر کر دیا، عہد مغلیہ میں اخبار نویسی کا سلسلہ پروان چڑھا اور 1660ء میں ایک اور اخبار سامنے آیا، اکبر کے عہد میں اس کا نام ''دربار معلّی'' تھا شاہ جہاں نے اس کا نام ''اخبار دار الخلافہ شاہ جہاں آباد'' کر دیا، اس کے علاوہ اورنگ زیب نے بھی اخبار نکالنے میں اہم کردار ادا کیا اور بہادر شاہ ظفر کے عہد میں ''سراج الاخبار'' نام سے ایک اخبار نکلتا تھا، چوں کہ اس سے پہلے ہندوستان میں طباعت کا سلسلہ شروع نہیں ہوا تھا، اس لیے تمام اخبارات قلمی ہوتے تھے مطبوعہ اخبارات کا آغاز اٹھارہویں صدی کے آخری دہائیوں میں ہوا، 1768ء میں مسٹر بولٹس نے کلکتہ کونسل ہاؤس کے دروازہ پر ایک اشتہار چسپاں کر کے اخبار شروع کرنے کی کوشش کی؛ مگر انہیں کامیابی نہیں ملی، اس سلسلہ میں جو شخص سب سے پہلے کامیاب ہوا وہ جیمس آگسٹن ہکی ہے اس نے ۲۹ جنوری ۱۷۸۰ء کو ہندوستان کا پہلا باضابطہ انگریزی اخبار ''ہکو بنگال گزٹ'' یا ''کلکتہ جنرل ایڈورٹائزر'' کے نام سے جاری کیا، یہ ہفت روزہ تھا، اس کے نو مہینے کے بعد ۱۷۸۰ء نومبر میں ''انڈیا گزٹ'' کے نام سے دوسرا اخبار جاری ہوا، اس نے بہت ترقی کی پہلے ہفت روزہ، سہ روزہ اور پھر یک روزہ کی شکل میں اس کی اشاعت شروع ہوئی، اس کے بعد مسٹر فرانسس کے زیر ادارت ''کلکتہ گزٹ اور ینٹل ایڈورٹائزر'' کے نام سے ۴ مارچ ۱۷۸۴ء کو شروع ہوا پھر ۱۷۹۱ء میں ''بمبئی آبزرور'' کی شروعات ہوئی

اس کے بعد مسٹر ولیم نے ۱۷۹۵ء میں ہفت روزہ ''مدراس گزٹ جاری کیا، اس خبار کی خصوصیت یہ تھی کہ اس میں انگریزی، گجراتی، مراٹھی، کنڑ اور اردو زبانوں میں اشتہارات چھپتے تھے اس طرح ہندوستان میں اخبارات کا سلسلہ دراز ہوتا گیا اور کتابوں وغیرہ کی طباعت کے ساتھ ساتھ ہندوستان کی مقامی زبانوں میں بھی اخبارات شائع ہونے لگے۔

اردو پرنٹ میڈیا: ہندوستان کے ساتھ انگریزوں کا رویہ چاہے جیسا بھی رہا ہو مگر اردو زبان اور اس کے رسم الخط کے سلسلہ میں انہیں مخلص ہی کہنا پڑتا ہے، جان گلکرائسٹ ایسا شخص ہے جس نے ۱۸۰۱ء میں اردو اور فارسی رسم الخط کا مطبع شروع کیا اور فارسی و اردو زبان میں اشاعتوں کا سلسلہ شروع ہوا ، راجہ رام موہن رائے نے فارسی زبان میں ''مراۃ الاخبار'' کے نام سے اخبار نکالا پھر جام جہاں نما پھر منشی سدا سکھ لال کی ادارت میں ۱۸۲۲ء میں ارفو اخبار کی بھی شروعات کی، چوں کہ اس وقت فارسی کا بہت غلبہ تھا، اس لیے اس اخبار کی زبان بھی فارسی آمیز تھی، پھر دہلی اردو اخبار کے نام سے ۱۸۳۷ء میں محمد حسین آزاد کے والد مولوی محمد باقر نے اخبار شروع کیا، ، پھر سر سید احمد خاں کے بھائی سید محمد خاں نے ۱۸۳۸ء میں سید الاخبار نام سے اخبار شروع کیا، اسی زمانہ میں صادق الاخبار بھی جاری ہوا پھر ۱۸۵۰ء میں لاہور سے منشی ہر سکھ رائے نے ''کوہ نور'' جاری کیا، اس کے بعد ایک پادری نے ۱۸۵۷ء میں مرزا پور سے ''خیر خواہ ہند'' جاری کیا، پھر دہلی کالج کے پرنسپل اسپرنگر نے ۱۸۴۵ء میں ہفت روزہ اخبار قران السعدین جاری کیا، اس کے بعد ماسٹر رام چند نے فوائد الناظرین کے نام سے اخبار جاری کیا، پھر سرسید نے ہفت روزہ اخبار سائنٹفک سوسائٹی جاری کیا ، جس کی ابتدا ۱۸۶۶ء سے ہوئی، پھر تہذیب الاخلاق، اودھ پنچ (۱۸۷۷)، پیسہ اخبار (۱۸۶۳)، اردوئے معلّٰی (۱۹۰۳) زمیندار (۱۹۰۳)، الہلال (۱۹۱۲)، مدینہ بجنور (۱۹۱۲) اور ہمدرد (۱۹۱۳) نے ہندوستان کی اردو صحافت میں اہم کردار ادا کیا، اس کے بعد جو اردو صحافت کی ترقی کا سلسلہ شروع ہوا تو آج تک یہ جاری ہے اور پورے ملک میں سینکڑوں اخبارات پابندی سے منظر عام پر آتے ہیں ،جن میں انقلاب ،سہارا، منصف، قومی تنظیم، اخبار مشرق، ہندوستان ایکسپریس او ہمارا سماج وغیرہ شامل ہیں، اس کے علاوہ ہزاروں اردو اخبارات پورے ملک میں رجسٹرڈ ہیں، ہندوستان کی مشہور و معروف نیوز ایجنسی یواین آئی میں ۳۰ دسمبر ۲۰۱۵ء کو آر این آئی کے ڈائرکٹر کے حوالہ سے ایک رپورٹ شائع ہوئی، جس میں یہ کہا گیا کہ ''ہندوستا میں اردو کے اخبارات ورسائل کی چار کروڑ ۱۲ لاکھ ۴۳ ہزار ۹۴۹ کا پیاں شائع ہوتی ہیں'' اس رپورٹ سے اندازہ لگایا جا سکتا ہے کہ ہندوستان میں اردو پرنٹ میڈیا نے کس قدر برق رفتاری سے اپنا پاؤں جمایا اور رہا مالی وسائل کا معاملہ تو اردو اخبارات والے ابتدائی دور میں بھی اس چیز کا رونا روتے تھے اور آج بھی روتے نظر آتے ہیں چاہے انہیں اس دور میں مراعات اور وسائل جو بھی مہیا ہوں۔

الیکٹرانک میڈیا

الیکٹرانک میڈیا سے مراد وہ میڈیا ہے جہاں برقی ذرائع استعمال کر کے پیغام رسانی کا عمل کیا جائے، اس کی ابتدا ٹیلی گراف، ٹیلی فون اور وائرلیس سے ہوئی، پھر ریڈیو ،اس کے بعد فوٹو گرافی سے فلم ،سنما اور ٹیلی ویژن کی شروعات ہوئی اور آج الیکٹرانک میڈیا ترقی کر کے موبائل ،انٹرنیٹ اور دیگر ذرائع تک پہنچ چکی ہے، الیکٹرانک میڈیا کی شروعات کا سہرا samuelf.b.morse کے سر جاتا

ہے، انہوں نے اپنے دوست الفریڈ ویل کے ساتھ مل کر ۲۴ مئی ۱۹۴۴ء کو واشنگٹن سے مالٹی مور پیغام بھیج کر ٹیلی گراف کی شروعات کی اس کے بعد سائنسدانوں نے ہو بہو آواز منتقل کرنے کی کوشش کی اور اسکاٹ لینڈ کے گراہم بیل نامی شخص نے ۱۸۷۶ء میں ٹیلی فون ایجاد کیا، اس کے بعد وائر لیس کے سلسلہ میں کوشش شروع ہوئی جس میں تار نہ ہو، پھر میکس ویل نے وائرلیس کا نظریہ پیش کیا اور اس سے تحریک پا کر اٹلی کے اکیس سالہ نوجوان گوگلیمو مارکونی نے تجارتی نقطۂ نظر سے کوشش کی اور وائرلیس ایجاد کرنے میں کامیاب بھی ہو گیا یہاں سے الیکٹرانک دنیا میں جو ترقی شروع ہوئی تو دن دوگنی اور رات چوگنی اس کا سلسلہ دراز ہوتا چلا گیا اور آج تک جاری ہے روزانہ سائنسداں حضرات نئی نئی چیزیں ایجاد کر رہے ہیں اور دنیا کو متحیر کر رہے ہیں۔

ریڈیو آغاز وارتقاء

وائرلیس سے تحریک پا کر سائنسداں حضرات نئی حصولیابیوں میں لگ گئے، ریڈیو ایجاد ہونے سے پہلے تمام طرح کے پیغامات کوڈ (code) کے ذریعہ ہی بھیجے جاتے تھے، اب کوشش ہونے لگی کہ بغیر کوڈ کے پیغام پہنچایا جاسکے اور ۱۹۰۶ء میں fesenden نامی شخص نے برنٹ راک ماس نامی تجرباتی اسٹیشن سے کرسمس کے موقع پر پروگرام نشر کر کے اس کی شروعات کی، پھر لی ڈی فارسٹ نے نیویارک کے میٹرو اسٹیشن سے ۱۹۱۰ء میں پروگرام نشر کیا اور امریکے نے ۱۹۲۰ء میں kdka کے نام سے پہلے ریڈیو اسٹیشن کا آغاز کیا اس کے بعد اس قدر تیزی سے ترقی کا سلسلہ شروع ہوا کہ صرف امریکہ میں ۱۹۲۰ء سے ۱۹۲۵ء تک ۵۷۰ ریڈیو اسٹیشن براڈ کاسٹ ہونے لگے، پھر برطانیہ میں B.B.C قائم کیا گیا، اس طرح ریڈیو نے پوری دنیا میں انقلاب برپا کر دیا اور ۱۹۴۷ء میں ٹرانسمیٹر کی شروعات ہوئی، جس نے مزید چار چاند لگادیا۔

ہندوستان میں ریڈیو

ہندوستان میں ریڈیو کا پہلا تجربہ ۱۹۲۱ء میں پوسٹ اینڈ ٹیلی گراف کے اشتراک سے موسیقی کا پروگرام نشر کر کے ہوا، پھر ۱۹۲۲ء میں ریڈیو کلب آف بنگال نے ایک نشریاتی اسٹیشن قائم کیا، اس کا پہلا پروگرام ۱۹۲۳ء میں نشر ہوا، پھر ۱۹۲۴ء میں ممبئی ریڈیو کلب اور ۱۶ مئی ۱۹۲۴ء کو مدراس پریزیڈنسی ریڈیو کلب کا قیام عمل میں آیا، مگر اس کمپنی کا دیوالیہ ہو گیا، اس کے بعد اپریل ۱۹۳۰ء میں حکومت نے ریڈیو کو اپنے ماتحت میں لے کر نئے سرے سے کام شروع کرایا، پہلے اس کا نام انڈین براڈ کاسٹنگ رکھا، پھر ۱۹۳۶ء میں آل انڈیا ریڈیو اور ۱۹۹۷ء میں پرسار بھارتی کے نام سے خود اختیاری نشریاتی کارپوریشن کی شروعات ہوئی، اس طرح ریڈیو ترقی کرتا چلا گیا، ویسے تو ریڈیو پر ہر طرح کے پروگرام نشر کیے جاتے ہیں بطور مثال چند پروگرام، (۱) ریڈیو ٹاک (۲) انٹرویو (۳) مذاکرہ (۴) کوئز (۵) شاعری (۶) ریڈیو ڈراما (۷) ڈاکو منٹری (۸) فیچر (۹) میگزین (۱۰) رپورٹ (۱۱) نیوز ریل (۱۲) خبریں (۱۳) ٹاک شو (۱۴) رواں تبصرہ (۱۵) آنکھوں دیکھا حال (۱۶) فلمی گانوں پر مبنی پروگرام (۱۷) فون ان پروگرام (۱۸) ریڈیو برج پروگرام (۱۹) موسیقی پروگرام وغیرہ۔

فلم اور سنیما

ریڈیو پر سن ہی سکتے تھے، مگر دیکھ پانا ممکن نہیں تھا اس لیے سائنس داں حضرات ایسی چیز کی ایجاد میں مصروف ہوئے جس میں دکھائی بھی دے اور سنیما کے ذریعہ اس خواب کو پورا

چراغِ منزل (مضامین) 31 ڈاکٹر محامد ہلال اعظمی

کرنے کی ابتدا کی اسی کے ذریعہ تصویری ابلاغ کا سلسلہ بھی شروع ہوا اور یہ سلسلہ فوٹوگرافی کے ذریعہ شروع ہوا سنیما ٹرانسپیرینٹ فلم پر مبنی ڈاک ٹکٹ سائز کی نگیٹو تصویروں کو چوبیس تصاویر (فریم) فی سکینڈ کی رفتار سے پردہ پر پھینکا جاتا ہے، جس سے تصویریں حرکت کرتی دکھائی دیتی ہیں، سنیما کنیما سے ماخوذ ہے، فرانس میں سنیمیٹوگراف ہوا، بعد میں سنیما رہ گیا، اس ذریعہ سے ابلاغ کی ابتدا ۲۸ دسمبر ۱۸۹۵ء کو پیرس کے گرانڈ کیفے میں ہوئی، پھر جولائی ۱۸۹۶ء میں ممبئی میں بھی اس کی شروعات ہوگئی مگر جلد ہی ۱۵ اسگست ۱۸۹۶ء کو ٹائمس آف انڈیا نے اس شو کو بند کرنے کا اعلان کردیا، مگر ہندوستانی عوام اس سے بہت متاثر ہوئی اور سکھارام بھاٹوڈیکر نے لندن سے عوامی کیمرہ اور پروجیکٹر منگا کر جگہ جگہ فلموں کی نمائش شروع کی اور اس قدر ترقی کی کہ ۱۸۹۹ء میں جن فلموں کی لمبائی ۶۰ سے ۷۰ فٹ لمبی تھی ۱۹۰۲ء تک اس کی لمبائی ۲۸۰ فٹ تک پہنچ گئی، ۱۹۰۷ء سے بڑے بڑے شہروں میں فلم ہال بننے لگے اور ۱۹۱۳ء میں دادا صاحب پھالکے نے اپنی فلم راجا ہریش چندر کی نمائش کی تو اس کی لمبائی ۳۷۰۰ فٹ تھی، اس کے بعد ۱۹۳۱ء میں پہلی متکلم فلم عالم آرا دکھائی گئی تو اسی دھوم مچی کہ لوگ کنٹرول سے باہر ہوگئے اور پولس کے ذریعہ کنٹرول کرنا پڑا اور اس طرح فلم صنعت اور ابلاغ کی ترقی شروع ہوگئی۔

ٹیلی ویژن

ٹیلی ویژن tele اور vision دو لفظوں سے مل کر بنا ہے tele یونانی لفظ ہے اور vision لاطینی لفظ مجموعی طور پر ان کے معنی ہیں دور سے دکھائی دینا، لوگوں کو ایسی چیز کی ضرورت تھی جس پر دکھائی اور سنائی دونوں دے، اس ضرورت کو ۱۹۳۶ء میں بی، بی، سی نے پورا کیا اور ٹیلی ویژن سروس کی شروعات ہوئی، ۱۹۳۸ء تک ٹی وی پر ہر طرح کے پروگرام نشر کیے جانے لگے، یہ ادارہ تو ۱۹۳۹ء میں بند ہوگیا؛ مگر فرانس ، امریکہ، روس اور جرمنی میں تحقیقات کا عمل جاری رہا اور ۱۹۳۹ء میں پہلی بار امریکہ کے ورلڈ فیئر میں ٹیلی ویژن سیٹ فروخت کیلیے رکھا گیا اور اسی سال ٹیلی ویژن کا دائرہ بہت تیزی سے بڑھا اور امریکہ میں ۱۹۴۰ء سے ۱۹۵۰ء کے درمین ٹیلی ویژن کی ایسی ترقی ہوئی کہ رنگین ٹیلی کاسٹ کا سلسلہ بھی شروع ہوگیا۔

ہندوستان میں ٹیلی ویژن

ہندوستان میں ٹیلی ویژنکی ابتدا ۱۹۵۹ء میں یونیسکو (unesco) کے ایک پائلٹ پروجیکٹ سے ہوئی، جس کا مقصد پسماندہ طبقہ میں تعلیمی ترقی میں ٹیلی ویژن کے رول کا اندازہ کرنا تھا، اس کی کامیابی کے بعد ۱۹۶۱ء میں آل انڈیا ریڈیو نے فورڈ فاؤنڈیشن کی مدد سے اسکولی ٹیلی ویژن کے نام سے ایک پروجیکٹ شروع کیا، اس کے لیے دہلی اور نواح دہلی کے چھ اسکولوں کا انتخاب کیا ۱۵ اگست ۱۹۶۵ء میں روزانہ ٹیلی ویژن کی شروعات ہوگئی ، ۱۹۷۵ء میں ہندوستان میں سٹیلائٹ کی ابتدا ہوئی اور ۱۵ اگست ۱۹۸۲ء میں دوردرشن نے آزادی کا پروگرام دکھا کر رنگین ٹیلی ویژن نشریات کا سلسلہ شروع کردیا، ابھی تک ریڈیو اور ٹیلی ویژن دونوں محکمے ایک ساتھ تھے؛ مگر اب دونوں محکمے الگ ہوگئے اور ٹیلی ویژن اور دوردرشن باضابطہ الگ ادارہ ہونے کی حیثیت سے ۱۹۸۲ء میں نیشنل پروگرام شروع کیا اور اس وقت سے آج تک ترقیات کا سلسلہ دراز ہے، خاص چینلوں میں ڈی ڈی نیشنل ۱۹۸۲ء، ڈی ڈی ۲ میٹرو ۱۹۹۲ء، ڈی ڈی انڈیا انٹرنیشنل 1995ء میں ، ڈی ڈی نیوز 1999ء اور کھیل کود چینل 1999ء وغیرہ اہم ہیں ، ٹیلی ویژن نے بیسویں صدی کے اواخر اور اکیسویں صدی میں بہت زیادہ ترقی کی، آج ہندوستان میں سینکڑوں ٹی وی

چینلز موجود ہیں جو فلم ،خبر ،کھیل کود، تعلیمی ،ثقافتی اور موسیقی پروگراموں کے ساتھ ساتھ ادبی ،تہذیبی اور مذہبی ہر طرح کے ڈیبیٹس منعقد کراتے ہیں اور اس طرح کے پروگرام گھر گھر تک پہنچاتے ہیں اور آج ٹیلی ویژن کی مدد سے پوری دنیا کی صورتحال کا جائزہ منٹوں میں لے لیتے ہیں۔

میڈیا کے مسائل اور موجودہ صورتحال: آج ہم اگر میڈیا کی صورتحال کا جائزہ لیں اور اس کے مسائل کی بات کریں تو بہت سے مسائل ہمارے سامنے آتے ہیں ،اس حقیقت کو تسلیم کرنے میں کسی کو بھی مفر کی گنجائش نہیں ہے کہ آج میڈیا ہماری ضروریات میں شامل ہو چکا ہے اور ہماری آنکھ اور کان بن چکا ہے ،عام طور پر ان چیزوں کو میڈیا ہمارے سامنے پیش کرتی ہے بلا جھجک مان لیا جاتا ہے ،خواہ پرنٹ میڈیا ہو یا الیکٹرانک میڈیا ،انگریزی ، ہندی ہو یا اردو لوگ بھی طرح کے میڈیا سے جڑے ہوئے ہیں اور خاص طور پر اکیسویں صدی میڈیا اور ماس میڈیا کی ترقی کی صدی ہے ، اکثر ٹیکنالوجی کی ایجاد اسی دور میں ہوئی ،خواہ سوشل میڈیا ہو یا انٹرنیٹ سارے میدان کافی ترقی یافتہ نظر آتے ہیں اور ان وسائل کی وجہ سے لوگ اپنے مسائل خود بھی ایوان اقتدار تک بہ آسانی پہنچا سکتے ہیں ،مگر کچھ چیزیں میڈیا میں ایسی شامل ہوگئی ہیں جس نے اس باوقار پیشہ کو کافی زک پہنچائی ہے اور اس کی حقیقت و ماہیت کے سامنے ہی چیلنج پیش کر دیا ہے ، آج ایسا محسوس ہوتا ہے کہ ایک مخصوص طبقہ نے میڈیا کو خرید لیا ہو یا پھر میڈیا نے ایک مخصوص ذہنیت کی حمایت اور ان افکار کی ترسیل کو ہی اپنا مشن سمجھ لیا ہے ، بہت ساری چیزیں میڈیا میں ایسی نظر آتی ہیں جو سو فیصد جھوٹ پر مبنی ہوتی ہیں اور کچھ ملمع سازی ہوتی ہے ،ان غلط افکار و پیغامات اور پروپیگنڈوں کی ترسیل کی وجہ سے بڑی تعداد میں لوگ پریشان ہونے لگے ہیں خواہ دہشت گردی کا معاملہ ہو یا کچھ اور وہی انسانیت کی قتل اگر اکثریتی طبقہ کر رہا ہے تو وہ صرف چور یا ڈاکو کے صف میں شامل ہے مگر اگر کوئی مجرم مسلمان ہے یا کسی پر جھوٹا ہی الزام ہے تو ملزم بنتے ہی نہ صرف یہ کہ وہ مجرم بھی بن جاتا ہے؛ بلکہ دہشت گردی جیسے سینکڑوں الزامات بھی اس پر عائد کر دیے جاتے ہیں اور کورٹ میں جج کے فیصلہ سنانے سے پہلے ہی مخصوص ذہنیت رکھنے والی میڈیا فیصلہ بھی سنا دیتی ہے ،یہ انتہائی افسوس ناک عمل ہے ،اس کی وجہ سے نہ صرف یہ کہ میڈیا کا مقدس پیشہ داغدار اور بے اعتبار ہو رہا ہے وہیں بہت سارے مسائل بھی صدا بصحرا ہو جاتے ہیں اور رہا مسئلہ اردو میڈیا کا تو اس کا دائرہ کمزور طبقہ تک ہی محدود ہے ،اعلی طبقہ کے لوگ اردو اخبارات و رسائل اور چینلوں کو اشتہارات تو دینا در کنار پڑھنا اور دیکھنا تک گوارہ نہیں کرتے ،جس کی وجہ سے نہ صرف یہ کہ اردو کے ترویج و اشاعت اور ترقی پر اثر پڑ رہا ہے ساتھ ہی ساتھ اس سے وابستہ لوگوں کو اپنے وجود و بقا کی جنگ بھی لڑنی پڑ رہی ہے؛ اس لیے ہر طبقہ کے لوگوں کو چاہیے کہ اردو اور صداقت و سچائی کو فروغ دینے کے لیے کم سے کم پڑھ کر اور خرید کر تعاون کریں تا کہ اپنی آواز صدا بہ صحرا ہونے سے بچایا جا سکے اور وہیں میڈیا کی بھی ذمہ داری ہے کہ اس باوقار پیشہ کا احترام کرتے ہوئے صداقت اور حقیقت سے کام لے ورنہ اس جمہوریت کے چوتھے ستون کا اعتبار ختم ہو جائے گا۔

استفادہ کردہ کتب

ا۔ ابلاغیات ڈاکٹر شاہد حسین (۲) الیکٹرانک میڈیا میں ابھرتے رجحانات ڈاکٹر طارق اقبال صدیقی (۳) عوامی ذرائع ترسیل ڈاکٹر اشفاق محمد خاں (۴) اردو صحافت مشتاق صدف (۵) میڈیا روپ اور بہروپ سہیل انجم (۶) خبرنامہ ایم اعظم اعظمی

عظمت النساء (نئی دہلی)

دور حاضر میں سوشل میڈیا اور روزگار کے مواقع

ٹیکنالوجی کے اس دور میں انسان ہر چھوٹے بڑے کام کو انجام دینے کے لیے مشینوں کا سہارا لیتا ہے۔اس دور میں سوشل میڈیا کو بڑی اہمیت حاصل ہے۔سوشل میڈیا الیکٹرانک کمیونیکیشن کی ایک ایسی قسم ہے جس کے ذریعہ صارفین چند منٹوں میں اپنے نظریات وخیالات، پیغامات اور دیگر موادلوگوں تک ایک ہی وقت میں پہنچا سکتے ہیں۔سوشل میڈیا ایک ایسا بہاؤ ہے جس کی راہ میں کوئی روکاوٹ نہیں ہے، یہ ایک ایسا اسٹیج ہے جہاں فکری نظریات وخیالات کو آزادانہ اور بغیر کسی قیمت کی ادیگی کے پیش کیا جاسکتا ہے۔اس وقت دنیا میں بہت سی سوشل سائٹس موجود ہیں، لیکن چند ایسے سوشل پلیٹ فارم ہیں جن کو ایک خاص مقام حاصل ہے اور مقبولیت کی انتہا کو پہنچ چکے ہیں مثلاً فیس بک، ٹوئیٹر، انسٹاگرام، واٹس اپ، اسنیپ چیٹ، ٹک ٹاک وغیرہ۔4 فروری 2004 کو قائم کیا گیا فیس بک دنیا کا سب سے زیادہ استعمال ہونے والا پلیٹ فارم ہے۔فیس بک دراصل ایک ایسا پلیٹ فارم ہے جس میں تصاویر کے ساتھ ضروری معلومات درج ہوتی ہے۔اس کے صارفین کی تعدادا بہت بڑی ہے اوراس کے ذریعہ خبریں بہت تیزی سے پھیلتی ہیں۔آج زیادہ تر لوگ اپنے روزمرہ کے معمولات اور خاص مواقع اپنے دوست، احباب سے فیس بک کے ذریعہ شیئر کرنا پسند کرتے ہیں۔ٹوئیٹر ابلاغ کا ایک موثر ومقبول ذریعہ بن چکا ہے۔اس میں پیغام کی ایک حد مقرر ہوتی ہے جو کہ 165 حروف پر منی ہے۔اس میں سوشل سرکل دوستوں تک ہی محدود نہیں ہوتا بلکہ کسی بھی شخصیت کو فالو کر کے اس کے پیغامات کی اپڈیٹ حاصل کر سکتے ہیں اور ری ٹوئیٹ کے ذریعہ آگے بڑھا سکتے ہیں۔انسٹاگرام آج نوجوانوں میں بے حد مقبول ہو چکا ہے۔یہ تصاویر اور ویڈیوز پوسٹ کرنے کا تیز ترین پلیٹ فارم ہے۔ٹک ٹاک ایک ویڈیو شیئرنگ سوشل نیٹ ورکنگ سروس ہے، جسے ستمبر 2016 کو ایک چینی کمپنی بائٹ ڈانس نے لانچ کیا تھا۔ٹک ٹاک کا استعمال شارٹ فارم ویڈیوز بنانے کے لیے کیا جاتا ہے، جن میں رقص، کامیڈی اور تعلیم جیسی صنف شامل ہیں، جن کی مدت پندرہ سیکینڈ سے ایک منٹ تک ہوتی ہے۔

آج انسان کا ہر چھوٹا بڑا کام سوشل نیٹ ورکنگ کے ذریعے ہی مکمل ہو پاتا ہے۔انٹرنیٹ کی تیز رفتاری اور سوشل میڈیا خاص کر فیس بک اور ٹوئٹر کے آتے ہی ہماری زندگی میں بڑی تیزی سے بدلاؤ آچکا ہے۔اس بات سے کوئی بھی انکار نہیں کرسکتا کہ سوشل میڈیا نے سماجی رابطے کو جوڑنے میں کلیدی کردار ادا کیا ہے۔جس طرح سوشل میڈیا کے ذریعے سماجی زندگی روز بروز بہتر بن رہی ہے اسی طرح معاشی لحاظ سے لوگوں کو خود کفیل بنانے میں اہم رول ادا کر رہی ہے۔سوشل میڈیا کو کسی نے اپنے لیے کامیابی کا زینہ بنایا تو کسی نے صرف تفریح اور وقت گزاری کا سامان بنایا۔غرض یہ کہ سوشل پلیٹ فارم کا استعمال یوزرس نے اپنی سمجھ اور ضرورت کے مطابق کیا ہے۔آج کی نوجوان نسل خود مختار بننے اور اپنے خوابوں کو پورا کرنے کے لیے سوشل میڈیا کا سہارا لے رہے ہیں۔سوشل میڈیا میں روزگار

کی کمی نہیں ہے اس کے ذریعے آج یوزرس اچھی خاصی انکم جنریٹ کرسکتے ہیں،لیکن شرط یہ ہے کہ آپ کو اس کے استعمال کا طریقہ معلوم ہونا چاہیے۔آج کے اس دور میں سوشل میڈیا کی اہمیت وافادیت کو نظر انداز تو نہیں کیا جاسکتا لیکن معاشرے اور خاص کر نوجوانوں کی زندگی پر اس کے مرتب ہونے والے مثبت اور منفی اثرات کا ذکر بھی ضروری ہے۔

منفی پہلو:

جب کوئی چیز ایجاد ہوتی ہے تو اس کے کچھ فائدے اور کچھ نقصانات ہوتے ہیں۔سوشل نیٹ ورکنگ کے ذریعے آج ہمیں جو آسانیاں میسر ہوئی ہیں وہاں بہت سی مشکلات بھی پیدا ہوئی ہیں۔اس میں کوئی شک نہیں کہ سوشل میڈیا آج عالم انسانیت کے لیے وبال جان بنا ہوا ہے اور نوجوان نسل پر اس کے کافی منفی اثرات مرتب ہوئے ہیں۔خاص کر فیس بک،ٹوئیٹر،واٹس ایپ،اسکائپ،انسٹاگرام اور دیگر ایسے پلیٹ فارم نے آج کے نوجوان اور بچوں کو بری طرح سے جکڑ رکھا ہے۔جہاں ایک طرف سوشل نیٹ ورکنگ نے دنیا بھر کے لوگوں کو گھر بیٹھے آپس میں ملا دیا ہے وہیں دوسری اور ایک ہی گھر میں رہنے والے افراد کو ایک دوسرے سے بے خبر بھی کردیا ہے۔قریبی رشتوں میں دوریاں پیدا ہو رہی ہیں۔سوشل میڈیا کی وجہ سے ذاتی ملاقات کا سلسلہ ختم ہوتا جارہا ہے۔اس بات سے انکار نہیں کیا جاسکتا کہ سوشل میڈیا آج کی ضرورت بن گئی ہے لیکن یہ بھی ضروری ہے کہ اس کا استعمال ایک حد تک مثبت طریقے سے کیا جائے۔سوشل میڈیا پر چلنے والی زیادہ تر خبریں یکطرفہ اور غیر تصدیق شدہ ہوتی ہیں جن سے لوگوں میں بے چینی اور انتشار پھیلنے کا خطرہ ہوتا ہے۔ایک طرف جہاں سوشل میڈیا سے لوگوں کی زندگی آسان اور پر سکون ہوئی ہے دوسری اور فرقہ واریت بڑھانے کا سبب بھی بنا ہے۔تقریباً پچھلی ایک دہائی میں سوشل میڈیا نے ہماری زندگی کو بہتر بنایا ہے اور بری طرح متاثر بھی کیا ہے۔آج کے دور میں بھی ایک بڑی تعداد ان نوجوانوں کی ہے جو سوشل میڈیا کا استعمال محض تفریح کے لیے کررہے ہیں انہیں کوئی صحیح سمت دیکھانے والا نہیں ہے۔ایسے میں ہر والدین کی یہ ذمہ داری ہوتی ہے کہ وہ بچوں کو بہتر مستقبل فراہم کریں۔ان کی Personality Boost اور کردار سازی کے لیے خصوصی انتظامات کرے اور انہیں سوشل میڈیا کے حوالے سے خصوصی رہنمائی دے تاکہ بچوں کا مستقبل سنور سکے اور صحیح سمت کے جانب گامزن ہوسکیں۔اسی عمل سے آپ لوگ بچوں کو ترقی کی راہ پر گامزن کرسکیں گے اور ان پر مثبت اثرات مرتب ہوں گے۔اس طرح نوجوان اس کے استعمال سے اپنے لیے بہتر مواقع تلاش کرسکیں گے۔

مثبت پہلو:

کوئی بھی چیز بری نہیں ہوتی اس کے استعمال کرنے کا طریقہ اسے اچھا یا برا بناتا ہے۔سوشل میڈیا کا استعمال بہت سے لوگ اچھے کاموں کے لیے بھی کررہے ہیں۔سوشل میڈیا کے منفی پہلوؤں کے ساتھ ساتھ اس کے بہت سے مثبت اور مفید پہلو بھی ہیں۔جہاں ایک طرف نوجوان نسل پر سوشل میڈیا کے منفی اثرات مرتب ہوئے ہیں،وہیں پر کچھ ایسے یوزرس ہیں جنھوں نے سوشل میڈیا کے استعمال کو مثبت بنایا ہے اور انہوں نے شخصی علم میں اضافے کے ساتھ ساتھ ملکی ترقی میں بھی قلیدی کردار ادا کیا ہے۔سوشل ویب سائٹس نہ صرف تفریح کرنے اور دوستوں سے باتیں کرنے کا ذریعہ ہے بلکہ ان سائٹس کے ذریعے ہمیں ڈھیروں معلومات مل جاتی ہیں۔آج دنیا بھر میں ایک کثیر تعداد ان لوگوں کی ہے جو سوشل میڈیا کے ذریعے علم و

ہنر، تعلیم، شہرت اور دولت کما رہے ہیں اور اس کے ذریعے اپنی اور اپنے آس پاس کے لوگوں کی زندگی بہتر کر رہے ہیں۔ آج کا نوجوان سوشل پلیٹ فارم پر مختلف قسم کے ہنر سیکھ رہا ہے، اپنے علم میں اضافہ کر رہا ہے۔ ڈراموں فلموں نغموں سے لے کر Current Affairas تک کی معلومات سے چند منٹوں میں صارفین آسانی سے Update ہو جاتا ہے۔ آج سوشل میڈیا کا سب سے بڑا فائدہ ہماری تعلیم میں مددگار ثابت ہو رہا ہے۔ اس کے ذریعے دنیا کی ہر قسم سے متعلق کتب، مضامین اور تحقیقی مواد کی فراہمی آسانی سے ہو جاتی ہے، آج کا نوجوان دنیا کی کسی اچھی یونیورسٹی یا کالج سے گھر بیٹھے ڈگریاں حاصل کر سکتے ہیں۔ علاوہ ازیں مواصلاتی نظام اور روز مرہ کی زندگی کی خرید و فروخت سے لے کر کئی قسم کی سہولیات انٹرنیٹ نے لوگوں کے گھروں تک پہنچائی ہے۔ سوشل سائنٹس کی طرف لوگوں کا رجحان گذشتہ چند سالوں میں تیزی سے بڑھا ہے آج سوشل سائنٹس پر دنیا بھر کے تعلیمی، سیاسی، معاشرتی سے تعلق رکھنے والے ماہرین سے لے کر اسکول، کالج، یونیورسٹیز کے طلبا اور عام نوکری پیشہ افراد موجود ہیں، جو گھر بیٹھے تعلیمی، سیاسی اور مذہبی گفتگو میں حصہ لیتے ہیں اور اپنی قابلیت کا کھل کر مظاہرہ کر رہے ہیں۔ آج لاکھوں کروڑوں روپے خرچ کر کے پروڈیوسر کے چکر کاٹنے کی ضرورت نہیں ہے۔ یہ صرف ڈیجیٹل کی طاقت سے ہی ممکن ہے کہ عام گھروں اور متوسط طبقے سے تعلق رکھنے والے لوگ آج کوئی FamousYoutuber ہے تو کوئی Tiktoker Star کوئی Instagram Celibrity ہے۔ یہ آج کی تاریخ میں ممکن ہے کہ کوئی بغیر Investment کے اپنا ہنر دکھا کر مشہور ہو رہا ہے، کوئی لوگوں کو نئی نئی چیزیں سکھا رہا ہے لوگ اس سے جڑ رہے ہیں، کوئی Entertain کر رہا ہے تو کوئی اپنی Comedy سے لوگوں کو ہنسا رہا، کوئی درس و تدریس کے ذریعے لوگوں کے علم میں اضافے کا سبب بن رہا ہے، کوئی لوگوں کو ان کی fitness کے لیے Encourage کر رہا اور ان کی زندگی کو صحت مند بنانے کی کوشش میں لگا ہے۔

روزگار کے مواقع:

کچھ عرصہ پہلے تک سوشل میڈیا صرف لوگوں کی تفریح کا باعث تھا جہاں لوگ صرف وقت گزاری کرتے تھے لیکن وقت کے ساتھ ساتھ لوگوں میں شعور آ رہا ہے اور اب لوگوں نے سوشل میڈیا کے مختلف پلیٹ فارم کو اپنے فائدے کے لیے استعمال کرنا شروع کر دیا ہے۔ آج انسان اپنے مسائل کے حل کی تلاش ہو یا اپنے لیے روزگار حاصل کرنا ہو۔ اس ڈیجیٹل دنیا میں سب کے لیے کچھ نہ کچھ موجود ہے۔

لوک ڈاؤن اور کورونا وبا کی وجہ سے جہاں روزگاری کی شرح میں مسلسل اضافہ ہو رہا ہے اور وسائل کی کمی کی وجہ سے لوگوں کے لیے کاروبار کرنا مشکل ہو رہا ہے، وہیں دوسری اور سوشل میڈیا اور ڈیجیٹل ٹیکنالوجی نے اس دوران مزید ترقی کر لی ہے۔ آج کورونا کال میں جہاں لوگوں کا گھروں سے نکلنا دشوار ہو گیا ہے وہیں سوشل میڈیا نے ورک فرام ہوم، آن لائن تدریس، تجارت اور ویبنار جیسے نئے نئے طریقے فراہم کیے۔ اس بات سے کوئی بھی انکار نہیں کر سکتا کہ جس طرح سوشل میڈیا سماجی رابطے کو جوڑنے اور زندگی کو روز بروز بہتر بنانے میں کلیدی کردار ادا کر رہی ہے۔ اسی طرح معاشی لحاظ سے لوگوں کو خود کفیل بنا رہا ہے۔ اگر یہ کہا جائے کہ سوشل میڈیا کے استعمال سے نوجوان خود مختار ہو رہے ہیں تو غلط نہ ہوگا۔ آج لوگوں کو ایک

جگہ سے دوسری جگہ دھکے کھانے کی ضرورت نہیں ہے بلکہ وہ گھر بیٹھے روزگار حاصل کر رہے ہیں۔سوشل میڈیا نہ صرف مرد حضرات بلکہ گھر میں رہنے والی ہنرمند خواتین کے لیے بھی معقول انکم جنریٹ کرنے کا ذریعہ بن رہا ہے۔اگر آپ ایک اچھے یوٹیوبر، ویب ڈیزائنر، بلاگر یا موٹیویشنل اسپیکر ہیں تو با آسانی گھر بیٹھے اچھا خاصا پیسا کما سکتے ہیں آج اسکول، کالج یا یونیورسٹیز کے بہت سے اساتذہ ایسے ہیں جو یوٹیوب چینل بنا کر اپنے لیکچرز اور مواد شیئر کر کے یا آن لائن درس و تدریس کے ذریعے خاصا پیسہ کما رہے ہیں۔نہ صرف اساتذہ بلکہ آپ اایک اچھے شاعر، گلوکار، کامیڈین ،وکیل، ڈاکٹر خواہ کسی بھی شعبہ سے تعلق رکھتے ہیں تو آپ تھوڑی سی محنت سے گھر بیٹھے روزگار سے جڑ سکتے ہیں۔

آج دنیا ڈیجیٹل بن رہی ہے Influencer Marketingترقی کر رہی ہے۔کچھ لوگ سوشل میڈیا پر وقت ضائع کر رہے ہیں تو کچھ لوگ اس سے خوب استفادہ کر رہے ہیں اور اچھا خاصا پیسہ کما رہے ہیں۔سوشل میڈیا پر روزگار حاصل کرنے کے لیے نہ تو آپ کو کسی بڑے Investment کی ضرورت ہے، نہ زیادہ Following کی اور نہ ہی زیادہ تجربے کی ضرورت ہے۔ضرورت ہے تو صرف صحیح سمت کی صحیح راہ کی۔آج کے دور میں Influencer Marketing کا بڑا بول بالا ہے۔2019 میں Influence Marketing کی انڈسٹری آٹھ بلین ڈالرس تھی جبکہ 2020 میں یہ بڑھ کر پندرہ سے بیس بلین ڈالر ہو گئی ہے۔اس سے اس کی مقبولیت کا بخوبی اندازہ لگایا جا سکتا ہے۔پہلے زمانے میں جہاں کمپنیاں اپناProduct لوگوں تک پہنچانے کے لیے ٹیلی ویژن، ریڈیو، اور سڑکوں پر پوسٹر کے ذریعے اشتہارات چلاتی تھیں، بڑے بڑے Celibrity سے اپنے Product Advertise کراتی تھیں، لیکن آج کمپنیاں کم پیسہ خرچ کر کے اپنے مصنوعات Influencer کو دے کر سوشل میڈیا کے ذریعے لوگوں تک پہنچانے میں کامیاب ہو رہی ہیں۔سوشل میڈیا اور ڈیجیٹل مارکیٹنگ میں موجود روزگار اور ملازمتیں درج ذیل ہیں۔

فری لانسنگ (Free Lancing):

فری لانسنگ آن لائن ارننگ کا ایک بہترین ذریعہ ہے۔اگر آپ اچھا لکھنا جانتے ہیں، ویب ڈوپلپمنٹ جانتے ہیں، گرافک ڈیزائنر ہیں اور اگر آپ سرچ انجن آپٹیمائزیشن ،ڈیجیٹل مارکیٹنگ، ساشل میڈیا مارکیٹنگ کا کام بہتر طریقہ سے کر سکتے ہیں علاوہ ازیں آپ کو آڈیو، ویڈیو ایڈیٹنگ میں مہارت حاصل ہے تو فری لانس کے ذریعہ آپ بہتر روزگا حاصل کر سکتے ہیں۔فری لانس کے ذریعہ کسی ترجمہ کے پروجیکٹ ،بک پبلشنگ آرٹیکل ،اسکرپٹ رائٹنگ، بلاگ ڈیزائننگ کے ساتھ ساتھ اگر آپ میں تیز ٹائپنگ کی صلاحیت موجود ہے تو ٹائپنگ کے میدان میں بھی آپ کو روزگار کے مواقع مل سکتے ہیں۔

بلاگنگ(Blogging):

بلاگنگ روزگار کا ایک کافی پرانا اور مقبول طریقہ ہے۔آپ ورڈ پریس یا بلاگر کی مدد سے ایک ویب سائٹ یا بلاگ بناتے ہیں، جس پر مفید اور کارآمد مواد شائع کیا جاتا ہے، اس کے ذریعہ قارئین کا ایک حلقہ قائم کیا جاتا ہے اور پھر مختلف موینٹائزیشن Monetization کے ذرائع مثلاً گوگل ایڈسیسن ،ای بکس ،کورسز یا پھر افلیٹ کے ذریعے ارننگ کی جاتی ہے۔

سوشل میڈیا مینیجر (Social Media Manager):

مینیجر کی ذمہ داری ہوتی ہے کہ وہ مختلف سوشل پلیٹ فارمس پر کمپنی کی مصنوعات کو بہتر طریقے سے صارفین کے رابطے میں رکھیں اور ان کی ضرورت کے مطابق مصنوعات کی تشہیر کریں۔

مارکیٹنگ اینالسٹ(Marketing Analyst):

مختلف تجارتی اور اشتہار بازی مہم کے اطلاق اور سرچ انجن مینجمینٹ کے تحت جو مارکیٹنگ کی جاتی ہے ان کی نگرانی کرنا مارکیٹنگ تجزیہ کار کی ذمہ داری ہوتی ہے۔

براڈ مارکیٹنگ(Brand Marketing):

اس کا کام صارفین کی پسند ناپسند کو مدنظر رکھتے ہوئے کمپنی کی پروڈکٹ کو ان کے مطابق پروموٹ کرنا ہوتا ہے۔اس کے علاوہ Audio Video Prodect ،سوشل میڈیا ہنڈلینگ،ویب ڈولپمینٹ،ویب ڈیزائنگ،کاپی ایڈیٹنگ اینڈ رائٹنگ،سرچ انجن مارکیٹنگ ،پوسٹ کیریشن،کسٹومر سپورٹ وغیرہ اہم ملازمتیں سوشل میڈیا پر موجود ہیں۔

اس طرح آج سوشل ویب سائٹس پر علم و ادب اور تخلیقی روزگار کے بہت سے مواقع موجود ہیں۔ضرورت ہے تو صرف صحیح سمت کی،سوشل میڈیا کے استعمال کرنے کی باقاعدہ رہنمائی کی ،تاکہ نوجوان نسل اور بچوں پر مثبت اثرات مرتب ہوسکیں اور ساتھ ہی وہ سوشل پلیٹ فارم کے استعمال سے روزگار کے بہتر مواقع تلاش کرسکیں۔

ڈاکٹر محامد ہلال اعظمی

حیدرآباد میں اردو صحافت

ملک وملت کے افراد تک رسائی کا مؤثر ترین ذریعہ اخبارات ہیں، اخبارات ہی کے ذریعہ ملک وملت کی تاریخ مرتب ہوتی ہے، اخبارات ہی سماج کے آئینہ دار ہوتے ہیں، جب ایک صحافی اپنے پیشے سے حق اور سچ کا دامن پکڑتے ہوئے کسی سانحہ یا کسی واقعہ یا ٹریجدی کا ذکر کرتا ہے، تو وہ ہی چیز تاریخ بن جاتی ہے، اسی بنیاد پر کہا جاتا ہے کہ صحافت تاریخ کا پہلا مسودہ ہے اور اس کی اتنی اہمیت ہے کہ اسے جمہوریت کا چوتھا ستون کہا جاتا ہے۔

صحافت کے میدان میں حیدرآباد دکن ہند اور بیرون ہند میں اردو زبان وادب میں مرکزی حیثیت اور ایک منفرد وممتاز شناخت رکھتا ہے، یہاں کے اخبارات عالمی، مرکزی، صوبائی، خبروں کے ساتھ ساتھ مذہبی لسانی، ادبی، معاشرتی، اقتصادی، سائنس وٹکنالوجی، سیاسی، صنعت کاری اور اشتہارات وغیرہ سے پُر ہوتے ہیں جو اردو داں حضرات کے لئے قلبی سکون اور عالمی منظرنامہ کا نقشہ دلوں پر نقش کرتے ہیں۔

یہاں سے پہلا اردو کا رسالہ طبابت نامی ۱۸۵۵ء میں منظر عام پر آیا، اس کے پانچ سال بعد ۱۸۶۰ء ''آفتاب دکن'' جاری ہوا، تو اخبارات کی اشاعت کا سلسلہ چل نکلا، ۱۸۷۷ء میں ''خورشید دکن'' شروع ہوا لیکن پہلا روزنامہ ''ہزار داستان'' کے نام سے ۱۸۸۳ء میں جاری ہوا، ۱۸۸۵ء میں ''آصفی'' شروع ہوا اور علم وعمل کو صادق حسین نے ۱۹۰۲ء میں نکالا، جسے اس زمانہ کے روزناموں میں ایک اہم مقام ملا، اسی سال روزنامہ ''معارف'' کا اجرا ہوا، جس کے ایڈیٹر ملا عبدالباسط تھے ۱۹۰۴ء میں اکبر علی نے ''صحیفہ'' نکالا، جو پہلا عوامی اخبار تھا، جب کہ ''رہبر دکن'' ۱۹۲۰ء میں منظر عام پر آیا، اس کے اجرا کا سہرا وقار احمد اور حبیب اللہ کے سر جاتا ہے، اقبال عابدی رقمطراز ہیں:

''اسی زمانہ میں قاضی عبدالغفار نے ''پیام'' نرسنگ راؤ نے ''نوعیت'' اور محمد محی الدین نے ''رہبر دکن'' شروع کیے، جبکہ ۱۹۳۶ء میں مجلّہ ''عثمانیہ'' کا اجرا ہوا، جس کے ایڈیٹر معین الدین قریشی اور ڈاکٹر زور تھے، مجلّہ عثمانیہ کی اشاعت اس لئے بھی اہم ہے کہ اس کے لکھنے والوں میں کئی نوجوان طلباء شامل تھے، جنھوں نے مستقبل میں اردو صحافت کی ترقی میں قابل لحاظ حصہ لیا، روزنامہ ''رہبر دکن'' آزادی سے قبل کے اخبارات میں سب سے مقبول اور معیاری اخبار تھا، اس کا نام تبدیل کر کے بعد میں ''رہنمائے دکن'' کر دیا گیا، یہ آج بھی شائع ہو رہا ہے، جبکہ روزنامہ ''امروز'' شعیب اللہ خان کی ادارت میں نکلا، لیکن ان کے قتل کے بعد بند ہو گیا۔ (مضمون: اقبال عابدی، تاریخ اردو صحافت روزنامہ سیاست، حیدرآباد ۱۵/اگست ۲۰۰۴ء)

آزادی سے کچھ پہلے اور بعد حیدرآباد میں اردو صحافت اور اس کے اخبارات کا جو دور شروع ہوا وہ کئی لحاظ سے اہم ہے، اس دور میں کئی معیاری روزنامہ، ہفت روزہ اور ماہنامہ جاری ہوئے، جس کی نظیر کسی اور صوبہ میں نہیں ملتی، حالات اور گردش ایام سے چند اخبارات بند بھی ہوئے روزنامہ ''نظام گزٹ'' تقریبا

۴۰ رسال ۱۹۲۷ء سے ۱۹۶۷ء تک حیدرآباد کی سرزمین سے شائع ہوتا رہا، حیدرآباد ریاست کے آخری حکمراں نظام آصف سابع کے خیالات کی ترجمانی میں مصروف رہا، نظام گزٹ کی تحریریں زبان وبیاں کے لحاظ سے اور انداز فکر کے اعتبار سے نظام حیدرآباد کے مخصوص نظریات کا اظہار ہوتی تھیں۔

روزنامہ ''پیام'' جس کے مدیر اردو دنیا کے مانے ہوئے ادیب قاضی عبدالغفار تھے، ۱۹۳۵ء میں جاری ہوا، پیام اپنی بیباکی کی وجہ سے آج بھی مشہور ہے، سید ممتاز مہدی لکھتے ہیں:

''ایک طرف نعرہ تکبیر کے پرجوش نعرے فضاؤں میں گونج رہے تھے، آزاد حیدرآباد کے ترانے گائے جارہے تھے، دوسری طرف کنگ کوٹھی میں گدی کی حفاظتی تیاریاں ہو رہی تھیں، جوش وجنوں کے اس اندھے سیلاب کو'' پیام'' نے روکنے اور قومی رجحانات سے روشناس کرانے کی کوشش کی، کام مشکل تھا جس کے نتیجہ میں '' پیام'' کو کئی مختلف مرحلوں سے دوچار ہونا پڑا، (بحوالہ: حیدرآباد کے اردو روزناموں کی ادبی خدمات، مطبوعہ قومی کونسل برائے فروغ اردو زبان نئی دہلی، صفحہ ۱۶۳، سن اشاعت ۱۹۹۸ء)۔

کسی نہ کسی طرح ۱۹۵۷ء تک '' پیام'' نکلتا رہا، مسلسل اختلافات اور خسارے کی وجہ سے ہمیشہ کے لئے بند ہوگیا۔

۱۵ر اگست ۱۹۴۹ء کو میر عابد خان نے اپنے دوست محبوب حسین جگر کو ساتھ لے کر روزنامہ ''سیاست'' کی داغ بیل ڈالی، تھوڑے ہی عرصہ میں اتنی ترقی کرلی کہ ملک کے بڑے اردو اخباروں میں اس کا شمار ہونے لگا، پولیس ایکشن کی وجہ سے حالات ناگفتہ بہ تھے، انہی حالات کی وجہ سے عابد علی خان اور محبوب حسین جگر نے سرکاری ملازمت کو خیرآباد کہہ دیا، انسانی قدروں اور اخلاقی اصولوں کی جس انداز سے ان دونوں نے اخبار سیاست کے ذریعہ ترجمانی کی اس کی وجہ سے سیاست کو صرف حیدرآباد کا ہی نہیں پورے ملک کا معیاری اخبار بنادیا، اسکی وجہ سے حیدرآباد اردو صحافت کے نقشہ پر ایک منفرد چھاپ چھوڑے ہوئے ہے، فی الحال عابد علی خان کے فرزند زاہد علی خان، پوترے، موجودہ ایڈیٹر عامر علی خان نیز ظہیر الدین صاحب کے سرگرم تعاون سے روزنامہ ''سیاست'' اپنے وقار کی لاج رکھے ہوئے ہے۔

روزنامہ ''رہبر دکن'' حیدرآباد سے ۱۹۲۰ء میں سید محی الدین کی ادارت میں جاری ہوا، اور پولیس ایکشن ستمبر ۱۹۴۸ء تک جاری رہا، دشواریاں بہت آئیں اس روزنامہ کے روح رواں محمد وحیدالدین کا جب ۱۹۷۶ء میں انتقال ہوگیا تو سید لطیف الدین قادری روزنامہ ''رہنمائے دکن'' کے آخری زمانہ کے مالک وایڈیٹر بن گئے اور جب یہ ۲۰ر جنوری ۱۹۸۴ء کو ان کا بھی انتقال ہوگیا تو ان کے بھائی سید وقار الدین نے رہنمائے دکن کی باگ وڈور سنبھالی، فی الحال وہی ایڈیٹر کے فرائض انجام دے رہے ہیں، اس روزنامہ کی قیمت سب سے کم ہے لیکن خبروں کا معیار بلند اور باوقار ہے، حیدرآباد سے شائع ہونے والا روزنامہ ''ملاپ'' نومبر ۱۹۴۹ء کو جاری ہوا، آزادی کے بعد یہ پہلا اخبار ہے جو کہ کئی مقامات اور کئی زبانوں میں شائع ہوا۔

آزادی کے بعد ۱۹۴۹ء میں روزنامہ ''شعیب'' کا اجرا ہوا، اس کے ایڈیٹر انیس الرحمٰن جو صوبہ بہار سے تعلق رکھتے ہیں اخبار کی سرپرستی حکومت کررہی تھی پھر بھی یہ زیادہ عرصہ جاری نہ رہ سکا۔

۱۹۴۸ء '' پیسہ'' اخبار منظر عام پر آیا تازیانہ بیگم سعادت جہاں رضوی کی ادارت میں شائع ہوا جو اس وقت

وکالت کے پیشہ سے تعلق رکھتی تھیں، اردو روزناموں میں ایڈیٹر کے عہدے پر جس خاتون کا نام آتا ہے وہ ہیں تازیانہ بیگم، یہ کوئی اعزاز سے کم نہیں۔

روزنامہ منصف کو محمود انصاری نے ۱۹۷۶ء میں جاری کیا تھا، یہ اخباران کی ادارت میں تقریبا ۱۸؍سال شائع ہوا، محمود انصاری کے انتقال کے بعد اس کی ذمہ داری مسعود انصاری نے سنبھالی لیکن ڈھائی تین سال کے بعد اخبار کی ملکیت خان لطیف محمد خان کے نام منتقل ہوگئی، جنہوں نے از سر نو جدید وسائل اور اعلی سہولتوں کے ساتھ منصف کا آغاز کیا، آج یہ اردو اخباروں میں کثیر الاشاعت مقبول و معروف ہے، خان صاحب تقریبا دو دہائیوں سے اسے خوب سے خوب بنانے میں لگے ہوئے ہیں، منصف کے سنڈے اور جمعہ ایڈیشن سماجی، دینی و ثقافتی اور سیاسی معلومات سے بھرپور ہوتے ہیں، نیز ادب خواتین، صحت، تعلیم، سائنس، شعریت، کھیل، فلم کے لئے چار صفحات مخصوص ہوتے ہیں۔

ہفت روزہ "گواہ" بھی منظر نامہ میں موجود ہے جس کے ایڈیٹر فاضل حسین پرویز ہیں جو فعال اور حساس ہیں ۱۹۸۹ء میں محمد باقر حسین شاد نے روزنامہ ساز دکن کا اجرا کیا، یہ روزنامہ جاری ہے، روزنامہ "ہمارا عوام" کے ایم، عارف الدین نے ۱۹۹۶ء میں جاری کیا اور حیدرآباد کے معیاری روزناموں میں اس کا شمار ہوتا تھا، ۸؍سال نکلنے کے بعد اخبار کے عملہ سے تنازع پیدا ہونے پر یہ اخبار اچانک بند ہوگیا اور دوبارہ نہیں نکل سکا۔

روزنامہ "راشٹریہ سہارا" حیدرآباد کا ایڈیشن ۲۰۰۶ء میں منظر عام پر آیا، شوکت علی صوفی اس کے مقامی ایڈیٹر ہیں۔

روزنامہ "اعتماد" ۲۰۰۶ء کے بعد شروع ہوا، برہان الدین اویسی اس کے ایڈیٹر ہیں، یہ اخبار کل ہند مجلس اتحاد المسلمین کی خدمات کی ترجمانی کرتا ہے، اندرون ملک اور بیرون ملک کے منظر نامہ پر نگاہ رکھے ہوئے ہے، سپلیمنٹ عمدہ اور معیاری ہوتے ہیں، بہت ہی کم عرصہ میں اس نے پورے ہندوستان کی اردو صحافت کو اعتماد میں لے لیا ہے۔

روزنامہ "صحافی دکن" مئی، جون 2014ء میں شروع ہوا، اس کے چیف ایڈیٹر ایس، ڈی، این صابر ہیں۔ یہ اخبار غیر جانبداری سے کام لیتا ہے، رہنمائے دکن، منصف، سیاست، اعتماد کی طرح اس میں بھی مذہبی، سماجی، ادبی، سیاسی، سائنسی، کہانیاں، فلمیں، کھیل وغیرہ کے عنوانات سے مضامین اور خبریں شائع ہوتی ہیں۔ ضرورت اور ضرورت رشتہ وغیرہ پر اشتہارات شامل رہتے ہیں۔ یہ اخبار کم مدت میں صورتا معنویا حیدرآباد کی اردو صحافت کی بھیڑ میں اپنا ایک منفرد مقام رکھتا ہے، "صدائے حسینی"، روزنامہ "بے مثال"، "سازِ دکن"، روزنامہ "جمہور"۔ کے علاوہ ہفت روزہ، پندرہ روزہ اور متعدد رسائل و اخبارات بھی شائع ہوتے ہیں، جن کا یہاں پر احاطہ کرنا دشوار ہے۔

مذکورہ بالا تفصیل سے اندازہ لگایا جاسکتا ہے کہ حیدرآباد کے اردو روزناموں کی بڑی سنہری تاریخ ہے، اور قابل غور پس منظر ہے، اسی بنیاد پر حیدرآباد کی اردو صحافت کے بارے میں عابد علی خان مرحوم نے فرمایا:

"یہاں کے اخبارات نے تمام جغرافیائی حدود کو توڑ دیا ہے"

یہاں کے اخبارات بذریعہ طیارہ مختلف ممالک کو پابندی کے ساتھ بھیجے جاتے ہیں، حیدرآباد کے اخبارات کی خوب مانگ ہے، انٹرنیٹ نے تو سارے فاصلہ کو سمیٹ کر رکھ دیا ہے۔

ڈاکٹر مشتاق صدف (علی گڑھ مسلم یونیورسٹی علی گڑھ)

اردو صحافت کے دوسو سال: محدودیت میں آفاقیت کی تلاش

صحافت روزمرہ کے واقعات و حادثات اور دیگر تلازمات کا ایک منظری اظہار ہے۔ یہ روزمرہ کا روزنامچہ ہے۔ اگر اس اعتبار سے دیکھا جائے تو اردو صحافت نے اس ذمہ داری کو گزشتہ دوسو برسوں میں بخوبی نبھانے کی کوشش کی ہے۔ اس نے ہمارے سینے کی دھڑکنوں کو ایک مرئی شکل عطا کی ہے۔ دراصل اردو صحافت اس کشف اور عرفان سے بھی عبارت ہے جو ہمیشہ سیانسان کے باطن کو خارج کی شکل میں ایک پیکر عطا کرتی رہی ہے۔ یہ بھی سچ ہے کہ ابتدا سے اب تک اپنے محدود وسائل کے باوجود اردو صحافت نے گراں قدر قومی وملی اور وطنی خدمات انجام دی ہیں۔ بلکہ محدودیت میں آفاقیت کی تلاش اردو صحافت کا ایک امتیاز خاص رہا ہے۔

اردو رسائل وجرائد اور اخبارات نے دوسو برسوں کے اپنے سفر میں ایسے ایسے تابندہ نقوش قائم کیے ہیں جن کی نظیر ملنی مشکل ہے۔ آزادی کی جنگ میں اردو صحافت اور انقلاب زندہ باد کے نعرے نے توپ اور موڈرن سائنسی آلات حرب وضرب سے زیادہ موثر رول ادا کیا ہے۔ ان دو برسوں کی ایک سچائی یہ بھی ہے کہ اردو کی صحافتی زبان نے کبھی شعلہ تو کبھی شبنم کا کام کیا ہے۔ اردو زبان کی یہ لسانی معجزہ کاری کا نتیجہ ہے کہ ہر زبان کے صحافی اردو کے اسیر ہو جاتے ہیں۔

اردو صحافت پر ملکی وغیر ملکی مسائل سے آنکھیں چرانے کا الزام کبھی عائد نہیں کیا جا سکتا۔ جام جہاں نما سے لے کر موجودہ اخبارات ورسائل نے ہمیشہ وطن پرستی کا ثبوت دیا ہے۔ دوسری زبانوں کی صحافت کی طرح اردو صحافت میں بھی بہت سے نامور صحافی پیدا ہوا۔ جن میں سرسید احمد خاں، مولوی محمد باقر، مولانا حسرت موہانی، ظفر علی خاں، محمد علی جوہر، مولانا ابوالکلام آزاد، عبدالرزاق ملیح آبادی، قاضی عبدالغفار وغیرہ کے نام قابل ذکر ہیں۔

یہ بھی ایک سچائی ہے کہ اردو صحافت کا بنیادی انحصار ترجمے کی وجہ سے انگریزی صحافت پر رہا ہے لیکن اس تصویر کا دوسرا رخ یہ بھی ہے کہ اردو صحافت کے دائرہ کار اور دیگر ذرائع میں توسیع ہونے کے ساتھ اس نے اپنا ایک منفرد رنگ بھی اختیار کیا۔ اب کئی اعتبار سے اردو صحافت آزاد، خودمختار اور خودکفیل ہوگئی ہے۔ کسی بھی زبان کی صحافت اگر دو سو برس کا سفر طے کر لے تو پھر وہ کبھی مر نہیں سکتی۔ اردو صحافت ضرور نشیب وفراز سے دوچار رہی ہے لیکن اپنی انا اور سمان کے ساتھ کبھی سمجھوتہ نہیں کیا۔

اردو صحافت کے تعلق سے خاص بات یہ بھی ہے کہ اس نے اپنے دوسو سالہ سفر میں سماجی اور اصلاحی فکر کو جلا بخشنے کے لیے نئے نئے سوالات قائم کیے اور نئے نئے مباحث کے دروازے وا کیے۔ اس سے فائدہ یہ ہوا کہ اردو صحافت کے قلب ماہیت کے آثار نمایاں ہونے کے ساتھ عوام میں اخبارات ورسائل خرید کر پڑھنے کا جو تہذیبی عمل زوال پذیر ہو رہا تھا اسے قوت ملی۔ گو کہ اخبارات ورسائل کو خرید کر پڑھنے کے جذبے میں کمی کا احساس آج بھی ہوتا ہے۔

دریں اثنا اردو کی ادبی صحافت میں ایک دور ایسا بھی آیا جس میں 'ادبی دنیا'، 'ساقی'، 'ہمایوں'، 'نگار'، 'شب خون'، 'آج کل' 'شعر و حکمت'، 'مریخ' جیسے معتبر اور معیاری رسائل میں چھپنا تو اعزاز کی بات تھی ہی اسے خرید کر پڑھنا بھی اعزاز تصور کیا جاتا تھا۔ لوگ اپنے گھروں میں رسائل ڈاک سے منگواتے تھے۔ قاری اور رسائل و جرائد کے مدیر کا رشتہ بہت گہرا ہوتا تھا لیکن وقت بدلا تو یہ رشتہ بھی نذر ہو گیا۔ معیار میں کمی کے باعث سنجیدہ قارئین بہت مایوس ہو ؟۔ تاہم اس بات کا اعتراف بھی یہاں ضروری ہے کہ ہمارے کئی مدیران ناگفتہ بہہ حالات میں بھی اپنے معیار کو زندگی بھر برقرار رکھا۔ اردو کی ادبی صحافت کے لیے آج بھی یہ ایک چیلنج سے کم نہیں۔

جہاں تک دو سو سال کے درمیان اردو پرنٹ میڈیا کے کردار و عمل کی بات ہے تو اس نے آغاز سے ہی عوام کے ذہنی پرواز کو وسعت دینے اور انہیں جذبہ حب الوطنی سے سرشار کرنے کا اہم رول ادا کیا ہے۔ نیز افراد کو اپنے حقوق کی حصولیابی اور تہذیب کے نئے اسباق کا درس بھی دیا ہے۔ فوائد الناظرین اور تہذیب الاخلاق کے ساتھ بہت سے اخبارات و رسائل ایسے تھے جن کو اصلاحی اور سماجی فکر کا صحافتی سرچشمہ کہا گیا۔ سر سید احمد خاں اور ماسٹر رام چندر نے صحافت کو کاروبار کے بجا؟ مشن تصور کیا اور اسی فکری وابستگی سے انہوں نے کام بھی کیا۔ اس درمیان اردو صحافت ضرور نقصان اٹھاتی رہی ہے تاہم اس نقصان سے تعمیری مشن کو فائدہ پہنچا ہے۔

اردو صحافت کے مستقبل پر بہت کچھ لکھا جاتا رہا ہے اور لکھا جاتا بھی رہے گا۔ بہت سے لوگ رونا روتے ہیں اور روتے رہیں گے۔ تاریکی کا دور اردو میں آتا جاتا رہا ہے۔ اخبارات و رسائل نکلتے اور بند ہوتے رہے ہیں۔ لیکن یہ بھی تو سچائی ہے کہ ہندوستان میں ہزاروں کی تعداد میں آج بھی ادبی، نیم ادبی، فلمی، سائنسی اور سیاسی و سماجی نوعیت کے رسائل و جرائد شائع ہو رہے ہیں۔ پھر ہم اردو کی روشن صحافت سے مایوس کیوں ہو جائیں۔ میں اپنے برسوں صحافتی تجربات اور عملی نقطہ نظر سے یہ کہوں گا کہ اردو صحافت کا مستقبل پہلے سے زیادہ روشن دکھائی دیتا ہے۔ الیکٹرانک میڈیا کے دور میں پرنٹ میڈیا کے خطرات سے گھبرانے کی کوئی ضرورت نہیں ہے۔ پرنٹ میڈیا کا وجود بھی ہمیشہ قائم رہے گا۔ اردو صحافت کا اعتبار بھی برقرار رہے گا۔ اور اردو صحافت محدودیت میں آفاقیت کی تلاش کا اپنا فریضہ ہمیشہ انجام دیتی رہے گی۔

ڈاکٹر صالحہ صدیقی (الہ آباد)

اردو صحافت کے تاریخی 200 سال کا اجمالی جائزہ

اردو صحافت سے وابستہ تمام افراد کے لئے یہ انتہائی فخر وانبساط کی بات ہے کہ 26 مارچ 2022 کو اردو صحافت کے 200 سال پورے ہو رہے ہیں۔اس تاریخی دو صدیوں کے طویل سفر کے دوران اردو صحافت بہت سارے نشیب وفراز سے گزرا،لیکن اردو صحافت کا سفران نا مساعد حالات میں بھی جاری وساری رہا۔یہی نہیں بلکہ انگریزوں کے دور حکومت میں سب سے زیادہ عتاب کا شکار اردو اخبارات ہوئے۔یہاں تک کہ اردو صحافیوں کو قید و بند کی صعوبتیں بھی برداشت کرنی پڑیں۔کیونکہ انگریزوں کے خلاف اردو صحافیوں نے جو قلمی جہاد کیا اسے تاریخ نے سنہرے الفاظ میں رقم کیا، ہندستان کو آزاد کرانے میں بھی ان اخبارات نے اہم رول ادا کیا۔ساتھ ہی یہ بات بھی فخر سے یاد کی جاتی ہیں کہ اردو صحافت کو یہ اعزاز حاصل ہے کہ اس زبان کے صحافیوں نے ہندوستان کی آزادی کے خاطر سب سے پہلے جامِ شہادت نوش کیا۔وہ تاریخی شخصیت مولوی محمد باقر کی ہیں۔وہ ہر رنگ میں نمایاں تھے مگران کی شخصیت کی خاص بات یہ تھی کہ وہ ادب کو بھی قومی مقصد میں استعمال کرنے قائل تھے۔یہی سبب ہے کہ بار بار ان کے قلم کو خاموش کرنے کی کوشش کی گئی۔ ان کی تحریریں جذبۂ حریت سے لبریز نظر آتی ہیں اور ادبی چاشنی لئے ہوئے ہیں بلکہ ان کی تقریروں میں بھی یہ عناصر پائے جاتے تھے۔وہ اردو یا انگریزی میں خطاب کرتے ہوئے ادب کے موتی رولتے تھے۔یہ پہلے اردو صحافی تھے جنہیں انگریزوں نے بیباک صحافتی خدمات انجام دینے کی وجہ سے توپ کے دہانے پر رکھ کر شہید کر دیا تھا۔مولوی محمد باقر نے 1857ء کی بغاوت کے روز ازل سے رپورٹنگ کی جو دراصل آنکھوں دیکھا حال تھا، جو 17 مئی 1857ء کو شائع ہوا۔ہندوستان کی بغاوت کو انگریز حکمرانوں نے غدر قرار دے کر ایک اشتہار چھاپا جسے جامع مسجد دہلی کے دروازوں اور کئی نمایاں مقامات پر چسپاں کیا گیا۔مولوی باقر نے اس اشتہار کو اپنے اخبار میں بھی شائع کر دیا۔جس میں اسلام اور مسلمانوں سے متعلق اہانت آمیز الفاظ استعمال کیے گئے تھے۔مولوی محمد باقر نے اس اشتہار کا منھ توڑ جواب دیا۔جس کا نتیجہ یہ ہوا کہ وہ حاکم انگریزوں کی نگاہوں میں کھٹکنے لگے۔مولوی محمد باقر نے قلمی نام سے بھی ایسے مضامین اپنے اخبار میں شائع کیے، جس سے نہ صرف ہندوستانیوں کے حوصلے بلند ہوئے بلکہ فرنگیوں میں بھی بے چینی و بوکھلاہٹ شروع ہوگئی۔مولوی محمد باقر کو گرفتار کیا گیا اور فرنگی جاسوسی محکمہ کے انچارج کیپٹن ہڈسن کے سامنے پیش کیا گیا جس کے حکم سے انہیں 16 ستمبر 1857ء کو دہلی دروازہ کے باہر خونی دروازہ کے سامنے میدان میں توپ کے گولے سے شہید کر دیا گیا۔مولوی باقر کے بیٹے مولانا محمد حسین آزاد نے اس واقعہ کی تفصیل بیان کی ہے،ان کے مطابق:

"جب ٹیلر کو مولوی باقر نے (اپنے گھر سے)

نکال دیا تو اس کے کچھ دیر قبل ٹیلر نے کاغذات کا ایک بنڈل ان کے حوالے کیا اور کہا کہ دہلی پر انگریزوں کا دوبارہ تسلط ہوجائے تو پہلا انگریز جو تمھیں نظر آئے یہ بنڈل اس کے حوالے کر دینا۔ مولوی صاحب کو اس کی خبر نہ تھی کہ اس بنڈل کی پشت پر ٹیلر نے لاطینی زبان میں کچھ لکھ بھی دیا ہے۔ جب دلی پر انگریزوں کا تسلط ہوگیا تو مولوی صاحب نے وہ بنڈل ایک انگریز کرنل کے سامنے پیش کر دیا۔ ان کو گمان بھی نہیں ہوسکتا تھا کہ یہی ان کی موت کا حکم نامہ ہے۔ ٹیلر نے لکھا تھا کہ مولوی محمد باقر نے شروع میں ان کو اپنے مکان میں پناہ دی لیکن پھر ہمت ہار دی اور ان کی جان بچانے کی کوشش نہ کی۔ کرنل نے بنڈل الٹ پلٹ کر دیکھا اور مولوی صاحب کو فوراً گولی مار دی اور ان کی جائداد بحق سرکار ضبط کر لی گئی۔'' (تاریخ صحافت اردو، مولانا امداد صابری، ایجوکیشنل پبلشنگ ہاؤس، نئی دہلی)

ایک روایت میں ہے کہ جب ان کو حاکم کے سامنے پیش کیا گیا تو ٹیلر کے دیئے ہوئے کاغذات ان کے پاس تھے۔ انھوں نے وہ حاکم کے سامنے رکھ دیئے۔ کاغذات دیکھ کر وہ غضبناک ہوگیا اور پوچھا ٹیلر کہاں ہے۔ مولوی صاحب نے جواب دیا کہ جب تک وہ میرے پاس رہے زندہ رہے، جب میرے مکان سے نکل کر بھاگے تو لوگوں نے انھیں مار ڈالا۔ یہ بیان سن کر وہ آگ بگولہ ہوگیا۔ طیش میں آکر موت کی سزا اور ساری جائداد ضبط۔ کرنے کا حکم دیا، اس کی میز پر طمنچہ بھرا ہوا پڑا تھا۔ اسی وقت اس نے گولی مار کر شہید کر دیا اور ان کی لاش خاک وخون میں تڑپنے لگی۔ یہ بھی کہا جاتا ہے کہ انھیں ان لوگوں میں دھکیل دیا گیا جنھیں گولی مارنے کا حکم تھا۔ (تاریخ صحافت اردو، مولانا امداد صابری)۔

مولوی محمد علی جوہر نے بھی ہندستان کی آزادی میں صحافتی خدمات کے ذریعہ اہم رول ادا کیا۔ مولانا محمد علی کے دل میں ملت اسلامیہ کا بڑا درد تھا، ان کی خدمات کئی لحاظ سے قابل قدر ہیں، ملک کی آزادی کی جد وجہد، تحریک خلافت، اشاعت تعلیم، فروغ اردو، عوامی بیداری بذریعہ صحافت، اور اپنی مخلصانہ کوشش وکاوش میں وہ بہت کامیاب رہے۔ جب نومبر 1930ء کو گول میز کانفرنس میں شرکت کے لیے لندن گئے۔ یہ کانفرنس 19 جنوری 1931ء تک جاری رہی۔ جہاں انہوں نے اپنا تاریخی جملہ کہا تھا جو اس عہد کی صحافت اور صحافیوں کے جذبے کو بخوبی عیاں کرتا ہیں ملاحظہ فرمائیں:

........''میں تو آزادیِ کامل کو اپنا مسلک قرار دے چکا ہوں۔ میں اس وقت تک اپنے غلام ملک میں واپس نہیں جاؤں گا، جب تک اپنے ہمراہ آزادی کو لے کر نہ جاؤں۔ اگر تم نے ہمیں ہندوستان میں آزادی نہ دی تو تمہیں مجھے یہاں قبر کی جگہ دینی ہوگی۔'' (تاریخ صحافت اردو، مولانا امداد صابری، ایجوکیشنل پبلشنگ ہاؤس، نئی دہلی)

اس عہد میں اردو اخبارات کے ولولہ انگیز مضامین نے ہندوستان کی تحریک آزادی میں وہ جوش وجذبہ پیدا کیا کہ اس کی مثال کسی اور زبان میں نہیں دیکھنے کو ملتی۔ یہی وجہ تھی کہ برطانوی حکومت اردو اخبارات اور رسائل کی اشاعت سے خائف رہتی تھی۔ انہیں اس بات کا ڈر ہمیشہ لگا رہتا تھا کہ اردو اخبارات کبھی بھی ان کے خلاف بغاوت کے شعلے ہندوستانیوں میں بھڑکا سکتے ہیں۔ جس کی وجہ سے ہندستانی کبھی بھی ان کے خلاف بغاوت پر اتر سکتے ہیں، اس خوف کا

اثر یہ ہوا کہ اردو اخبارات سامراجی حکومت کے غیظ وغضب کو جھیلتے رہے۔ لیکن اس تمام غیظ وغضب کے باوجود، ہر قسم کی انگریزوں کی جانب سے عائد کی جانے والی پابندیوں کے باوجود اس دور کی اردو صحافت نے اپنے مشن کو جاری وساری رکھا، اپنے حوصلے کو کبھی ٹوٹنے نہیں دیا، اور نہ ہی انگریزوں کے خوف سے ان کے خلاف لکھنا بند کیا۔ اس بات سے انکار ممکن نہیں کہ ہندوستانی عوام میں آزادی کا صور پھونکنے میں اردو صحافت نے نا قابلِ فراموش رول ادا کیا۔ اس کی عمدہ مثلاً ''سوراجیہ'' ہے، جو الہ آباد سے نکلتا تھا اس سلسلے میں معصوم مرادآبادی لکھتے ہیں:

'' آزادی کی جنگ میں ایک ایسا اردو اخبار بھی پیش پیش تھا، جس کا ایڈیٹر اپنی تقرری سے پہلے یہ شرط منظور کرتا تھا کہ اس کی تنخواہ 'جو' کی ایک روٹی اور پانی کا ایک پیالہ ہوگا، جو اسے جیل میں ادا کی جائے گی۔ ہفتہ وار 'سوراجیہ' کے نام سے یہ اخبار 1907 میں بابو شانتی نرائن بھٹنا گر نے الہ آباد سے جاری کیا تھا۔ یکے بعد دیگرے اس اخبار کے 9 ایڈیٹروں نے بغاوت کے جرم میں گرفتاریوں اور' کالا پانی' کی سزائیں جھیلیں۔ 'سوراجیہ' کے آٹھویں ایڈیٹر لدھا رام کو الہ آباد کے سیشن جج رستم جی نے دس سال قید کالا پانی کی سزا سنائی تھی۔'' (اردو صحافت کمپیوٹر کے عہد میں ،ص،30 رسالہ ،آج کل ''اردو صحافت نمبر' اگست 2014۔)

اردو صحافت کی دو سو سالہ تاریخ پر اگر ایک طائرانہ نظر ڈالی جائے تو یہ حقیقت تسلیم کرنی پڑتی ہے کہ اردو اخبارات کے مثالی کردار کے نتیجہ میں ہی ہندوستانیوں کے لئے ملک کی آزادی کی منزل تک پہنچنے میں مدد ملی اور انہیں راہ ہموار ہوئی۔ اردو صحافت آزادیٔ وطن کی شمع کو جلائے رکھنے کے لئے خود کو وقف کر دیا تھا۔ جدوجہد آزادی کے دور کے اخبارات کا مطالعہ کیا جائے تو یہ بات واضح ہو جاتی ہے کہ اردو صحافیوں نے صحافت کو تجارت یا پیشہ کے طور پر استعمال نہیں کیا، اور نہ کبھی ان کے خوف سے قلم میں جنبش آنے دیں، بلکہ ایک نیک مقصد کے خاطر وہ ایک غلام قوم کو بیرونی طاقت کے خلاف متحد ہونے کے لئے سرگرم رہے۔ خود کو قربان کر کے بھی خدمات انجام دیتے رہے۔ جس کا اعتراف اس عہد کے مفکرین ودانشوروں اور سیاسی لیڈران نے بھی کیا، ملک کو غلامی کی زنجیروں سے آزاد کرانے کے لئے اردو اخبارات کی خدمات کا اعتراف کرتے ہوئے پنڈت نہرو نے ایک موقع پر کہا تھا کہ'' ہندوستان میں قومی تحریک کو آگے بڑھانے میں اردو اخبارات کے رول کو نظرانداز نہیں کیا جاسکتا۔ اردو صحافیوں نے قومی مفاد کو سامنے رکھتے ہوئے ہندوستان کی تحریک آزادی کے پیغام کو عوام تک پہنچانے اور ان کے اندر ایک انقلابی روح پھونکنے میں جو نمایاں رول ادا کیا اسے دنیا کی نظروں سے اوجھل نہیں کیا جاسکتا۔ ایک مایوس اور شکست خوردہ قوم میں حریت پسندی کے جذبات پیدا کرنا اور پھر انہیں میدانِ کارزار میں لا کھڑا کرنا کوئی معمولی بات نہیں ہے۔ ایک ایسے وقت جب کہ دیگر طبقے انگریزوں سے مراعات حاصل کر کے تعیش پسندانہ زندگی گزارنے کے عادی ہوگئے تھے۔ ایسے نازک مرحلے پر اردو کے صحافیوں نے دار ورسن کی منزلوں کو طے کرتے ہوئے اپنے قلم سے ایک انقلاب پیدا کر دیا۔'' (رسالہ، آج کل ''اردو صحافت نمبر' اگست 2014۔)

اس دور میں اردو صحافت نے آزادی اور قومی اتحاد کے لیے جو جنگ لڑی، اس کا اندازہ کلکتہ سے شائع ہونے والے قدیم

اخبار ’روزانہ ہند‘ کے ایڈیٹر رئیس الدین فریدی کے درج ذیل بیان سے بھی ہوتا ہے:

”1857 سے 1930-35 تک ملک گیر پیمانے پر آزادی اور قومی اتحاد کے لیے جنگ کرنے کا سہرا زیادہ تر اردو اخبارات کے سر رہا، کیونکہ ہندی اخبار اس زمانے میں برائے نام ہی تھے۔ انگریزی کے اکثر اخبار انگریزوں کے ہمنوا تھے اور علاقائی زبانوں کے اخباروں کا حلقہ اثر محدود تھا۔“ (آجکل، نومبر، دسمبر 1983)

صحافت اردو زبان کا لفظ ہے اور ’صحف‘ سے بنایا گیا ہے، جس کے لغوی معنی صفحہ، کتاب یا رسالہ کے ہیں۔ اردو میں صحافت سے اخبار نویسی مراد لی جاتی ہے، اس حوالے سے صحافی کو اخبار نویس کہا جاتا ہے۔ انگریزی میں (Journalism) جرنل (Journal) سے ماخوذ ہے۔ جس کے معنی روزانہ کا حساب یا روزنامچہ بتائے جاتے ہیں۔ تاریخ اس بات کی شاہد ہے کہ اخبارات نے بہت سی حکومتوں کے قیام میں نہ صرف اہم کردار ادا کیا ہے، بلکہ بہت سی حکومتوں کو استحکام بھی بخشا ہے۔ مشہور فاتح اور حکمراں نپولین بوناپارٹ کہتا ہے کہ تین مخالف اخباروں سے ایک ہزار بندوقوں سے بھی زیادہ خوف کھانا چاہیے۔ (سید اقبال قادری، رہبر اخبار نویسی: 26) تاریخ میں یہ بھی واقعہ درج ہے کہ اکبر اعظم کے زمانے میں وسط ایشیا کے ایک حکمراں نے کہا تھا: ”مجھے اکبر اعظم کی تلوار سے اتنا خوف نہیں ہوتا، جتنا ابوالفضل کے قلم سے ڈر لگتا ہے۔“ (سید اقبال قادری، رہبر اخبار نویسی: 34) اس سے اندازہ ہوا کہ قلم و صحافت کی طاقت عہد قدیم سے ہی تسلیم کی گئی ہے۔ صحافت کی مشہور زمانہ کتاب ”صحافت پاک و ہند میں“ کے مصنف ڈاکٹر عبد السلام خورشید کے مطابق صحافت ایک عظیم فن ہے۔ اس کا مقصد یہ ہے کہ لوگوں کو تازہ خبروں سے آگاہ کیا جائے۔ اس حوالے سے کہنا چاہیے کہ صحافت ابلاغ کا وہ مستند ذریعہ ہے، جو عوام کو حالات اور واقعات کا شعور بخشتا ہے۔ عوام کے شعور کو بالیدہ کرنے کے لیے بھی صحافت نے بڑا کام کیا ہے، جس کی ہر دور میں ستائش کی گئی ہے۔ عوامی اور سیاسی سطح پر صحافت نے وہ کارنامے انجام دیے ہیں جن کی مثال دوسری اصناف میں نایاب نہیں تو کمیاب ضرور ہیں۔

تاریخ سے پتہ چلتا ہیں کہ بیسویں صدی کے آغاز میں اردو صحافت نے نئی کروٹ لی۔ مسلمان اپنے سیاسی حقوق کی بازیافت کے لیے جدوجہد کرنے کی ضرورت محسوس کرنے لگے۔ اس کے بنیاد گزار مولانا حسرت موہانی تھے۔ انہوں نے 1903 میں علی گڑھ سے ”اردوئے معلیٰ“ جاری کیا۔ وہ ایک بلند پایہ شاعر ہونے کے ساتھ ساتھ قوم کی زبوں حالی سے بڑے متفکر رہتے تھے۔ اردوئے معلیٰ میں علمی اور ادبی مضامین کی اشاعت کے ساتھ ساتھ انہوں نے سیاسی مضامین کی اشاعت کا سلسلہ بھی شروع کیا۔ وہ ایک حق گو اور جری انسان تھے۔ انہوں نے اردوئے معلیٰ کی مئی 1907 کی اشاعت میں ایک مضمون ”بے چینی کے آثار“ کے زیر عنوان لکھا:

”......... اور صداقت کی آخری فتح پر یقین رکھتے ہوئے راہ حق میں جو مصائب آئیں ان کو بہ کشادہ پیشانی برداشت کریں اور خوب سمجھ لیں کہ آزادی کی دولت آسانی سے حاصل نہیں ہوسکتی.........“

اردو صحافت کو جن عظیم الشان شخصیات نے پروان چڑھایا ان

میں مولانا حسرت موہانی کے ساتھ ساتھ مولانا ابوالکلام آزاد، مولانا محمد علی جوہر اور مولانا ظفر علی خاں ن کا نام ممتاز اہمیت کے حامل ہیں۔ اردو صحافت کے یہ بنیاد گزار اردو صحافت کو ایسی بلندیوں پر لے گئے جہاں اس میں ایک منظم ہم آہنگی نظر آنے لگی۔ ان میں سے ہر ایک نام اپنی جگہ اردو صحافت کا ایک روشن مینار ہے۔ اگر چہ اس وقت اردو صحافت کئی اعتبار سے کمزور و ناتواں تھی۔ مسلمانوں کی اس مجتہد اور قلم فروش جماعت کے پاس وسائل کی کمی تھی، راستے بہت مشکل تھے۔ لیکن وسائل کی پرواہ کیے بنا میدان صحافت میں قدم رکھنے والے یہ ایسے دیوانے تھے جو حصول نفع کے لیے نہیں بلکہ تلاش زیاں میں آگے آئے تھے، انہوں نے اپنی محنت و کاوش سے خود راستہ بنایا اور اردو صحافت کے لیے نئی راہیں ہموار کیں۔ نتیجہ یہ ہوا کہ پورے ملک میں ان کی شہرت ہوگئی۔ ان کی قلم سے نکلے حروف کا یہ عالم تھا کہ یہ جو کچھ لکھتے اور کہتے اس کے اثرات برطانیہ میں بھی محسوس کیے جانے لگے تھے۔ ان کے نابغۂ روزگار مضامین اردو صحافت اور مسلمانوں کی آواز کو مؤثر بنانے کا سبب بنے۔ انہوں نے بہت کم وسائل میں اپنا سفر طے کیا۔ ان اخبارات اور ان کے مالکان ومدیران کی مالی کمزوریاں کوئی بڑی رکاوٹ نہیں رہیں، بلکہ یہ ملک وقوم کی خدمت کے جذبے کے ساتھ میدان صحافت میں اس طرح بڑھتے چلے گئے گویا کسی ہموار اور مسطح پہاڑی پر چڑھتے جا رہے ہوں۔ یہ پڑھے لکھے جید تھے، ان کو معلوم تھا کہ انہیں کیا کرنا ہیں؟ کیا کہنا ہیں؟ اور کس طرح آگے بڑھنا ہیں؟ اردو کے ان مجاہدوں مثلا حسرت، آزاد، جوہر اور ظفر کا ہدف اگر چہ ایک ہی تھا، لیکن ان کا اسلوب اپنی اپنی جگہ ایک الگ شناخت رکھتا ہے۔

اردو صحافت کے یہ لوگ نڈر، بیباک، پر جوش اور پر عزم صحافی تھے۔ حسرت موہانی جہاں شاعر و ادیب اور سیاستداں اور مولانا ابوالکلام آزاد جہاں ایک بلند پایہ عالم، بے مثال خطیب اور گنگا جمنی تہذیب کے علم بردار تھے۔ وہیں مولانا محمد علی جوہر آکسفورڈ کے تعلیم یافتہ بیباک مقرر اور اردو، انگریزی کے بے مثال انشا پرداز تھے۔ اسی طرح مولانا ظفر علی خاں اردو نثر میں ایک منفرد اسلوب کے مالک اور ایک ایسے مترجم کی حیثیت سے شناخت قائم کر چکے تھے، جن کی تحریروں پر ترجمہ کا نہیں بلکہ حقیقی تحریر کا گمان ہوتا تھا۔ ملک وقوم کی تعمیر کا مسئلہ ہو یا تحریک آزادی کا، معاشی واقتصادی بحران کا معاملہ ہو یا سیاسی وقومی بیداری کا قومی یکجہتی کی بات ہو یا حب الوطنی اور جاں نثاری کی، ہر لحاظ سے اردو صحافت کے یہ بنیاد گزار بلند و برتر نظر آتے ہیں۔ اردو زبان میں شائع ہونے والا پہلا اخبار 'جامِ جہاں نما' تھا جس کے بانی ہری ہر دت تھے اور انھوں نے اس اخبار کو 1822 میں کلکتہ سے شائع کیا۔ انگریزی اور بنگالی زبان کے بعد یہ اخبار ہندوستان میں کسی تیسری زبان میں شائع ہونے والا پہلا اخبار تھا۔ یہ 1888 تک شائع ہوتا رہا۔ 1857 کے بعد اردو صحافت کا ایک نیا دور شروع ہوا۔ اس کے بعد اودھ اخبار (لکھنو)، سائنٹفک گزٹ اور تہذیب الاخلاق (علی گڑھ)، اودھ پنچ (لکھنؤ)، اکمل الاخبار (دہلی)، پنجاب اخبار (لاہور)، شمس الاخبار (مدراس)، کاشف الاخبار (بمبئی)، قاسم الاخبار (بنگلور) اور آصف الاخبار (دکن) جیسے اخبارات شائع ہوئے۔ 'دہلی اردو اخبار' دہلی سے اردو زبان میں شائع ہونے والا پہلا اردو اخبار تھا جسے مولوی محمد باقر نے 1837 میں شائع کیا۔ دہلی سے ہی ماسٹر رام چندر نے

1945 میں اخبار فوائد الناظرین اور 1847 میں ایک علمی اور ادبی ماہنامہ 'محب ہند' جاری کیا۔ خواتین کا پہلا اردو رسالہ 'اخبار النساء' تھا۔ مغربی بنگال کے اخبارات اردو پریس کے پیش رو تھے۔ فارسی زبان کے بعد ہندوستان میں اردو زبان نے فروغ پایا۔

اس کے علاوہ اردو کے مقبول و معروف اخبارات میں' 1879ء میں روزنامہ ''مظہر العجائب'' ایڈیٹر مصطفیٰ حسین شائع ہوا۔ کلکتہ سے شیخ احسن اللہ سندگری دہلوی نے 1881ء میں ''دار السلطنت'' کی اشاعت کا آغاز کیا جس کے ایڈیٹر متھورا پرساد سومر تھے۔ پہلے ہفت روزہ پھر سہ روزہ اخبار کی حیثیت سے یہ عام ہوا۔ اسی دور میں ایک نمائندہ روزنامہ ''اخبار عام'' تھا جو ہفتہ روزہ سے روزنامہ میں تبدیل ہوا۔ اسی سال حکیم محمد حسین نے مدراس سے ہفتہ وار ''احسن الجرائد'' نکالا۔ 1882ء میں شاہ عبد العزیز گھٹالہ نے ''عزیز الاخبار''، 1884ء میں محمد عظیم الدین نے ''اتحاد''، سید علی قادر بہار نے ماہنامہ ''جلوۂ سخن'' 1887ء میں جاری کیا۔ 1893-94ء میں ''اخبارِ عام'' شائع ہوا۔ اس اخبار کی روزانہ اشاعت دو ہزار سے بھی زائد ہوگئی تھی۔ اس کا ہمعصر انگریزی اخبار ''سول اینڈ ملٹری گزٹ'' صرف 1400 چھپتا تھا۔ ''اخبار عام'' کا جانشین ''پیسہ'' اخبار تھا جس کے ناشر محبوب عالم تھے۔ آج بھی لاہور میں ''پیسہ اخبار اسٹریٹ'' اسی زمانہ کی یادگار ہے۔ یہ اردو روزناموں میں سرفہرست تھا۔ 1895ء سے 1900ء تک مدراس سے ''مخبر دکن'' ہفتہ وار ایڈیٹر سید عبد القادر فقیر، ''نیر آصفی'' ہفتہ وار ایڈیٹر اسد الدین احمد، ''آفتاب دکن'' ہفتہ وار ایڈیٹر سید جلال الدین گھائل، ہفتہ وار ''اتفاق'' ایڈیٹر عبد الملک شائع ہوئے۔ 20ویں صدی کے آغاز میں مولانا ظفر علی خان کی زیر ادارت ''زمیندار'' کی اجرائی سے ''پیسہ'' اخبار کے وجود کو خطرہ ہونے لگا آخر یہ بند ہوگیا۔ یہ وہ دور تھا جب ''پیسہ'' کے علاوہ ''اودھ اخبار'' اور ''صلح کل'' تین روزنامے شائع ہوتے تھے جو اعتدال پسند صحافت کا نمونہ تھے۔ تاہم انگریزوں کے خلاف تحریک آزادی نے زمیندار، ''ہندوستانی''، ''الہلال'' اور ''ہمدرد'' جیسے اخبارات کو مقبول عام بنادیا۔ اسی دوران ''ہندوستان لاہور''، ''دیپک امرتسر''، ''دیش لاہور''، ''اردوئے معلیٰ (کانپور)''، ''مسلم گزٹ (لکھنؤ)''، ''مدینہ (بجنور)''، ''ہمدم (لکھنؤ)''، ''سوراج (الہ آباد)'' نے عوام میں سیاسی شعور بیدار کیا اور عوام کو آزادی کی قومی تحریکات میں بڑھ چڑھ کر حصہ لینے کی ترغیب دی۔ کانگریس، مسلم لیگ، ہندو مہاسبھا، آریہ سماج، خلافت کمیٹی اور علی گڑھ تحریک نے اردو اخبارات اور جرائد و رسائل کے فروغ میں حصہ بھی لیا اور ان پر اثر انداز بھی ہوئے۔ اُس دور میں ''زمیندار'' سب سے مقبول عام اخبار تھا جس کی تعداد اشاعت 30,000 تک پہنچ گئی تھی۔ یہ 1903ء میں لاہور سے جاری کیا گیا تھا۔ اس سے ایک سال پہلے ہی مولوی ثناء اللہ خان نے ہفتہ وار وطن جاری کیا جو 33 سال تک شائع ہوتا رہا۔ 1901ء میں شیخ عبد القادر نے ''مخزن'' نکالا۔ 1908ء میں خواتین کا سب سے پہلا رسالہ جو دہلی سے نکلا اس کا نام ''عصمت'' تھا۔ اس کے مدیر شیخ محمد اکرم تھے بعد میں علامہ راشد الخیری اس کے مدیر بنے۔ 1909ء میں خواجہ حسن نظامی نے ولی اللہ کے حالات خانقاہوں اور عرسوں کے اصلاحات کے بارے میں ترویج و اشاعت کے لیے جولائی 1909ء میں ''نظام

المشائخ'' نکالا۔ کچھ عرصہ بعد انہوں نے ''غریبوں کا اخبار'' اور ''منادی'' بھی نکالا۔ ''منادی'' روزنامہ تھا جو 1974 تک شائع ہوتا رہا۔ ان کے صاحبزادے خواجہ حسن ثانی نظامی اس کے مدیر ہیں۔ 1910ء میں مدراس سے ماہنامہ ''خورشید'' ایڈیٹر سید جلال الدین گھائل، 1911ء میں ماہنامہ ''المضمون'' ایڈیٹر منشی انصارالدین بے خود، 1912ء میں ماہنامہ ''مورخ'' ایڈیٹر مولوی محمد بدیع الدین، 1914ء میں روزنامہ ''قومی رپورٹ'' ایڈیٹر مولانا شرر آلندوری شائع ہوئے۔ اردو داں ہندوؤں میں اس کا اچھا اثر تھا مگر حکومت وقت کے جبر کے آگے ہتھیار ڈالتے ہوئے اشاعت مسدود کرنی پڑی۔ 1920ء میں لاجپت راؤ نے لاہور سے ''بندے ماترم'' نکالا۔ یہ پہلا اخبار تھا جو کارپوریٹ سیکٹر کے تحت شائع ہوا تھا۔ پہلا ہی شمارہ 10 ہزار شائع ہوا۔ یہ صحت مند صحافت کا نمونہ تھا۔ 1921ء میں شاہ امان اللہ نے بجنور سے ''نگینہ'' اور ''الامان'' اخبار نکالا۔ حکیم اجمل خان کی ایماء پر یہ اخبار دہلی منتقل ہوگیا۔ اسی سال لالہ شام لال کپور نے ''دسہری'' نکالا۔ اس سے پہلے وہ ''گروگھنٹال'' کے نام سے بھی اخبار نکال چکے تھے۔ 1922ء میں محمد عبداللطیف فاروقی نے مدراس سے روزانہ ''آزادِ ہند'' کی اشاعت کا آغاز کیا۔ 1923ء میں لالہ خوشحال چند خورسند نے ''ملاپ'' جاری کیا۔ اس سے پہلے وہ ''آریہ گزٹ'' نکالتے تھے۔ ''ملاپ'' دہلی، جالندھر، حیدرآباد دکن اور لندن سے شائع ہوتا تھا۔ اب دہلی سے شائع ہو رہا ہے۔ 1923ء میں سوامی شردھانند نے لالہ دیش بندھو گپتا کے ساتھ مل کر ''تیج'' نکالا جس کی راجستھان، یوپی اور دہلی میں اچھی اشاعت تھی۔ جاگیردار ریاستوں کی جانب سے بار بار اسے بند کیا گیا۔ 1924ء میں ریاست کشمیر کا پہلا اخبار ''رنبیر'' جاری ہوا جو مہاراجا گلاب سنگھ کے بیٹے رنبیر سنگھ کے نام سے موسوم تھا۔ ایک سال بعد یہ بند ہو گیا۔ 1925ء میں مولانا عبدالماجد دریابادی نے 'سچ'' نکالا جو 1933ء تک جاری رہا بعد میں اس کا نام 'صدق'' اور پھر ''صدق جدید'' کے نام سے جاری رہا۔ 1925ء میں ہفتہ وار ''الجمعیت'' جاری کیا۔ 1927ء میں لاہور سے انقلاب'' عبدالمجید سالک اور مولانا غلام رسول مہر نے جاری کیا۔ یہ دستاویزی اخبار تھا جو 1949ء تک جاری رہا۔ 1927ء میں مولانا ابوالجلال ندوی، سید سلطان بھمنی اور نذیر احمد شاکر نے مدراس سے روزنامہ ''مسلمان'' جاری کیا جو اب بھی جاری ہے اور تاملناڈو کا واحد اردو اخبار ہے جس نے کتابت کے فن کو زندہ رکھا ہے اور مکمل اخبار کی کتابت کی جاتی ہے۔ 1928ء میں دہلی سے مسلم لیگ کا ترجمان روزنامہ ''وحدت'' شائع ہوا۔ یہی وہ دور تھا جب علامہ اقبال کی شہرت بام عروج پر تھی۔ انہوں نے لاہور کے کچھ اخبارات کی سرپرستی بھی کی۔ 1929ء میں محمد عبداللطیف فاروقی اور عبدالکریم آزاد نے مدراس سے ''آزاد نوجوان'' کی اشاعت شروع کی۔ مولانا ابوالجلال ندوی نے 1933ء میں ماہنامہ ''بشریٰ''، محمد اسماعیل سیٹھ نے 1934ء میں ہفتہ روزہ ''دلچسپ''، قاضی محمد عبدالرحمٰن نے ماہنامہ ''رفیق'' شائع کیا۔ مرتضیٰ احمد خاں میکش اور چراغ حسن حسرت کی ادارت میں ''احسان'' 1934ء میں جاری ہوا جو اردو کا پہلا روزنامہ تھا جس کے دفتر میں ٹیلی پرنٹر نصب کیا گیا۔ اس دور کے اخبارات میں ''احرار، نیشنل کانگریس، زم زم، پاسبان، مساوات اور تریاق'' تھے۔ جبکہ لکھنؤ سے انیس احمد عباسی نے

''حقیقت'' جاری کیا جو روزنامہ سے ہفتہ وار میں تبدیل ہوا۔ قاضی عبدالغفار نے حیدرآباد سے پیام کی اجرائی کا آغاز کیا۔ 1931ء میں مولانا عبدالرزاق ملیح آبادی نے مولانا آزاد کی سرپرستی میں ہفتہ وار ''پیغام'' نکالا۔ کچھ عرصہ بعد ''ہند'' جاری کیا۔ شبلی بی کام نے ہفتہ وار ''خیام'' جاری کیا۔ 1935ء میں علامہ شاکر نائطی نے عمرآباد تاملناڈو سے ماہنامہ ''مصحف''، محمد کریم الدین نے روزنامہ ''مسلم گزٹ'' مدراس، غلام محی الدین نے روزنامہ ''مسلم رپورٹ'' مدراس، ایمان گوپاموی، سید سلطان بہمنی نے 1936ء میں ماہنامہ ''رسالہ حیات''، مولانا ابوالجلال ندوی ''سہیل'' روزنامہ، سید سلطان بہمنی نے 1937ء میں ماہنامہ ''ہمدرد'' شائع کیا۔ 1938ء میں پٹنہ سے نذیر حیدر نے ''صدائے عام'' جاری کیا۔ سہیل عظیم آبادی نے روزنامہ ''ساتھی'' کی شروعات کی جسے غلام سرور نے لے لیا تھا۔ 1939ء میں ممبئی سے غلام احمد خان آرزو نے روزنامہ ''ہندوستان'' جاری کیا جو سرفراز آرزو کی ادارت میں اب بھی شائع ہو رہا ہے۔ متحدہ ہندوستان کے مشہور اخبارات میں لاہور سے 1940ء میں ''شہباز'' کی اجرائی عمل میں آئی۔ اسی سال لاہور سے حمید نظامی نے ''نوائے وقت'' نکالا۔ چار سال بعد یہ روزنامہ ہوا۔ یہ پاکستان کا ملٹی ایڈیشن اخبار ہے۔ 1942ء میں دہلی سے میر خلیل الرحمٰن نے ''جنگ'' جاری کیا۔ 1947ء میں کراچی منتقل کیا۔ یہ پاکستان کا سب سے بڑا اخبار ہے۔ کئی شہروں سے شائع ہوتا ہے۔ 1944ء میں جواہر لال نہرو نے ''قومی آواز'' کی بنیاد ڈالی جس کے ایڈیٹر ڈاکٹر حیات اللہ انصاری تھے۔ یہ کانگریس کا ترجمان اور نیشنلسٹ اخبار تھا۔ مختلف شہروں سے اس کے ایڈیشن شائع ہونے لگے۔ افسوس کہ اس اخبار نے دم توڑ دیا۔' (بحوالہ اردو صحافت وکی پیڈیا) 1857 کے غدر کی ناکامی کے بعد 1858 سے 1900 تک 400 سے زائد اردو اخبارات وجود میں آچکے تھے۔ اردو صحافت اپنے آغاز کے وقت بھی ملک میں تیسرے نمبر پر تھی اور آج بھی اردو اخبارات تیسرے مقام پر ہی قائم ہیں۔ بال مکند (ایڈیٹر اخبار بھارت متر کلکتہ) نے 1904 میں بڑی دلچسپ بات لکھی تھی:

"ہندی اخباروں کے ریویو کا خیال دل میں آتے ہی پہلے اردو اخبار کی طرف نگاہ جاتی ہے کیوں کہ اردو اخبارات ہندی اخبارات سے پہلے جاری ہوئے اور پہلے ہی انہوں نے ترقی کے میدان میں قدم آگے بڑھایا۔ ظاہر ہے اردو اور ہندی میں اس وقت بڑی ناچاقی ہے اردو کے طرفدار ہندی والوں کو اور ہندی کے طرفدار اردو والوں کو ذرا ترچھی نگاہ سے دیکھتے ہیں مگر حقیقت میں اردو اور ہندی کا بڑا میل ہے یہاں تک کہ ایک ہی شہ کہلانے کے لائق ہیں جس نے فارسی رسم الخط کا جامہ پہننے سے اردو نام پایا وہی دیوناگری کے لباس میں ہندی کہلائی۔'' (اردو صحافت آزادی کے بعد ص ۸۰)

ادو اخبارات کی خدمات کے سلسلے میں 'شیر محمد امین' لکھتے ہیں کہ:

''۱۸۵۷ کی جنگ آزادی بلکہ اس سے بھی پہلے سے لے کر ۱۹۴۷ کے حصول آزادی تک اردو صحافت نے آزادی اور قومی اتحاد کی تحریک میں جو نمایاں رول ادا کیا ہے وہ تاریخ کا ایک روشن باب ہے۔ یہ اردو صحافی ہی تھے جو سب سے پہلے برطانوی سامراج کے ظلم و ستم کا نشانہ بنے۔ انہوں نے نہ صرف یہ کہ قید و بند کی صعوبتیں برداشت

کیں بلکہ مالی قربانیاں بھی دیں۔'' (شیر محمد خاں۔تحریک آزادی میں اردو کا کردار۔۲۰۰۲)

بیسویں صدی کے آغاز سے ہی اردو صحافت پر سیاسی اور سماجی اصلاحات کا غلبہ رہا۔ کانگریس، مسلم لیگ، ہندو مہاسبھا، آریہ سماج، تحریک خلافت اور علی گڑھ تحریک کی طرف سے شروع کی گئی سیاسی اور سماجی تحریکوں نے اردو زبان کے اخبارات اور رسالوں پر ایک گہرا اثر چھوڑا اور اردو صحافت نے اسی صدی میں ایک مضبوط قوم پرستانہ رخ اختیار کیا۔اس وقت کا سب سے بڑا اردو رسالہ 'الہلال' تھا جسے مولانا ابوالکلام آزاد نے شائع کیا۔ یہ اردو کے اولین ایسے اخبارات میں سے ایک تھا جس نے ترتیب اور ڈیزائن سمیت مواد اور پیشکش کو یکساں اہمیت دی۔ اسے مصری اخبارات کے طرز پر آراستہ کیا گیا تھا لیکن اس کا سب سے بڑا اثاثہ پُر اثر مواد تھا۔حیدرآباد سے 1921 میں 'رہبر دکن' کے نام سے ایک اردو اخبار کی اشاعت شروع ہوئی جو آج 'رہنمائے دکن' کے نام سے مشہور و معروف ہے۔ 1923 میں سوامی شردھانند نے لالہ دیش بندھو گپتا کی ادارت میں اخبار 'تیج' کی بنیاد رکھی ۔راجستھان، اتر پردیش اور دہلی میں اس کا دائرہ وسیع رہا۔اسی سال یعنی 1923 میں آریہ سماج نے لاہور میں اخبار 'ملاپ' شروع کیا جو اپنے طاقتور قوم پرست اداریوں کے لیے جانا جاتا تھا۔ پنڈت جواہر لال نہرو نے 1945 میں 'قومی آواز' کی داغ بیل ڈالی۔ تقسیم ہند کے دوران اور مابعد اردو صحافت کو کافی نقصان پہنچا۔اس وقت اردو کے 415 اخبارات نکلتے تھے جن میں روزنامے، ہفتہ وار، پندرہ روزہ اور ماہانہ رسائل شامل تھے۔ تقسیم کے بعد ان کی تعداد ہندوستان میں 345 رہ گئی کیونکہ تقریباً 70 اخباروں کے مدیران ہجرت کر کے پاکستان چلے گئے۔ 1957 کی آر این آئی کی رپورٹ کے مطابق اس وقت اردو اخبارات کی تعداد 513 تھی اور ان کی مشترکہ سرکولیشن 7.48 لاکھ تھی۔ آر این آئی رپورٹ 2007 کے مطابق پچاس سال بعد صرف اردو روزناموں کی تعداد 3168 تھی اور ان تمام اردو اخباروں کی مشترکہ سرکولیشن 1.7 کروڑ تک پہنچ گئی۔

تقسیم کے بعد نکلنے والے اردو اخبارات میں 'دعوت' بھی شامل ہے جسے جماعت اسلامی ہند نے شروع کیا تھا۔ مولانا عبدالوحید صدیقی نے اردو کا ایک مقبول ہفت روزہ 'نئی دنیا' اور سہارا گروپ نے ہفتہ وار 'عالمی سہارا' شروع کیا۔ علاوہ ازیں حیدرآباد سے اردو اخبارات کی ایک اچھی خاصی تعداد شائع ہوئی جس مین رہنمائے دکن، سیاست، منصف اور اعتماد قابل ذکر ہیں۔درحقیقت 2006 تک آندھرا پردیش میں ہندوستان کی تمام ریاستوں میں سے سب سے زیادہ رجسٹرڈ اردو اخبارات (506) تھے۔ اس وقت ممبئی میں روزنامہ انقلاب اور اردو ٹائمز سمیت کئی اردو اشاعتیں بھی تھیں۔ مغربی بنگال، خاص طور پر کلکتہ میں بھی ایک بڑی تعداد میں اردو اخبارات شائع ہو رہے تھے۔ حیدر آباد سے شائع ہونے والا 'سیاست' پہلا ایسا اردو اخبار ہے جس نے 90 کی دہائی کے آخر میں ویب ایڈیشن شروع کیا۔ اس وقت کئی دوسرے اردو اخبارات یا اشاعتوں کے ویب ایڈیشن موجود ہیں۔ دہلی اور شمالی ہند کی ریاستوں جیسے اتر پردیش اور بہار کے علاوہ جنوبی ہندوستان میں بھی اردو پریس کو فروغ دینے کی روایت ہے، تاہم حیدرآباد ایک بڑا اشاعتی مرکز ہے۔

صحافت یا جرنلزم حقائق سے راست طور پر آگاہی کا نام ہے۔ صحافت کا سماج و معاشرے، غرضیکہ انسانی زندگی کے تمام شعبوں سے چولی دامن کا ساتھ رہا ہے۔ اس بات سے انکار ممکن نہیں کہ آج کے اس برق رفتار دور میں ذرائع ابلاغ انسانی زندگی میں ایک لازمی حصہ کی حیثیت رکھتا ہے۔ یہاں تک کہ یہ ہماری زندگی میں ایک ضرورت کی شکل میں شامل ہو چکا ہے۔ انسانی زندگی کے تمام حواس اس سے متاثر ہوئے بغیر نہیں رہ سکتے۔ آج صحافت بہت اڈوانس صورت اختیار کر چکی ہے، اس کا دائرہ پچھلے چند برسوں میں وسیع تر ہوا ہے۔ اب تو یہ عالم ہے کہ پلک جھپکتے ہی کسی واقعہ یا حادثے کی خبر پوری دنیا میں پھیل جاتی ہے اور عمل اور ردعمل کا سلسلہ مسلسل چل پڑتا ہے۔ اپنی اسی متاثر کن خاصیت کے سبب صحافت آج جمہوری نظام میں چوتھے ستون کا درجہ رکھتی ہے۔ دراصل واقعات یا حقائق جاننے کا نام صحافت ہے۔ سچائی اور انکشافات کا پتہ لگانا ہی صحافت ہے۔ عوام کو سچائی اور تمام واقعات سے باخبر رکھنا صحافت ہے۔ سچائی پر ہی صحافت کی تعمیر ہوتی ہے۔ صحافت کی تعریف کا جہاں تک معاملہ ہے مختلف ماہرین نے مختلف انداز و مختلف پیرائے میں صحافت کی تعریف و تشریح کی ہے، صحافت بنیادی طور پر فن ابلاغ ہے۔ صحافت ابلاغ کا وہ مستند ذریعہ ہے جو عوام کو حالات اور واقعات کا شعور بخشتا ہے۔ صحافت کا اصل مقصد دنیا میں رونما ہونے والے واقعات اور حالات کی تازہ ترین صورت حال سے عوام کو واقف کروانا اور ان واقعات کی پیش کش میں صداقت اور راست بازی سے کام لینا ہے۔ رائے عامہ کو ہموار کرنا بھی صحافت کا ایک اہم مقصد ہے۔

ایک وقت تھا جب اردو صحافت کا نصب العین ملک کے اندر قومی یکجہتی کو فروغ دینا اور سیکولرزم کی خصوصیات کو اجاگر کرنا تھا۔ بنگلہ زبان کے ساتھ سب سے پہلے اردو اخبارات نے ہی قوم کو آزادی کے خواب دکھائے تھے اور آزاد ہندوستان کے خواب کو اپنی مسلسل کوششوں سے شرمندۂ تعبیر کیا تھا۔ جنگِ آزادی کی تاریخ میں اردو اخبارات کے نام سنہری حرفوں میں لکھے گئے ہیں اس کے مشہور و معروف اخبارات میں جام جہاں نما، مراۃ الاخبار، اردو اخبار، فوجی اخبار، محب ہند، فوائد الشائقین، اردو گائیڈ، قومی زبان، نوائے وقت، ہندوستان، ریاست، رہبر ہند، اردوئے معلی، اخبار اہل حدیث، زمیندار، زم زم، مدینہ، لسان الصدق، الہلال، البلاغ، الجمعیۃ، تیغ، مخزن، الانصاف، زندگی، دعوت، اکمل الاخبار، شمس الاخبار، جامع الاخبار، صادق الحسینی، قومی رپورٹ، سہیل، حیات وامام، آفتاب عالم، تعلیم الاخبار، صبح صادق، مظہر الاخبار، طلسم حیرت، اودھ پنچ، قاسم الاخبار، ماہ نور، نیر اعظم، روزگار، نصرت الاسلام، مہر درخشاں، اخبار النساء، مظہر العجائب، دار السلطنت، اخبار عام، احسن الجرائد، عزیز الاخبار، اتحاد، اخبار عام، پیسہ، اتفاق، اودھ اخبار، صلح کل، ہمدرد، دیپک امرتسر، دلیش لاہور، مسلم گزٹ، مدینہ، سوراج زمیندار وغیرہ بے شمار اردو اخبارات کے نام ہمارے ماضی کی شاندار وراثت ہیں۔ لیکن اب صورت حال مختلف ہے آج کے اخبارات یا الیکٹرانک میڈیا کی صورت حال دیکھ کر افسوس بھی ہوتا ہے کہ دور حاضر میں صحافت یک طرفہ ہو چکی ہے، اس میں پہلے جیسی سچائی نہیں رہی اور نہ ہی قومی یکجہتی اور سیکولرزم کو برقرار رکھنے کی کوشش کے اقدام اٹھائے جا رہے ہیں۔

عہدِ حاضر میں صحافت کی الگ ہی تصویر بن چکی

ہیں ،جب کہ صحافت کے کچھ اصول وضوابط ہیں مثلاً (۱) اخبارات کوذاتیات سے پاک ہونا چاہیے، نہ کسی دشمن کے خلاف زیادہ لکھنا چاہیے اور نہ کسی کی تعریف میں زمین آسمان کے قلابے ملانا چاہیے۔مخالفت ہمیشہ اصول کے دائرے میں کی جانی چاہیے۔(۲) جو کچھ لکھا جائے وہ عبارت آرائی کے لیےنہیں بلکہ متانت اور سنجیدگی کے ساتھ لکھا جائے۔(۳) اخبار کا مقصد یہ ہو کہ اپنی قوم کو فائدہ پہنچایا جائے۔یہ مقصد ہرگز نہ ہو کہ کسی دوسری قوم کونقصان پہنچایا جائے۔مذہبی مباحث سے بھی اخبارات کو دور رہنا چاہیے۔(۴) اخبار خبروں کا مجموعہ ہونا چاہیے۔اخبار میں ہمیشہ صحیح و مصدقہ خبریں شائع کی جانی چاہئیں۔(۵) ایڈیٹوریل محض بھرتی کے لیےنہیں ہے، کسی تازہ اور اہم واقعہ پرلکھا جائے اور اس کے لیے پوری تحقیق، محنت اور مطالعے سے کام لیا جائے۔(۶) صحافی سے یہ توقع کی جاتی ہے کہ وہ واقعات کو پوری طرح صحت کے ساتھ درج کرے، اس کا خیال بہر حال رکھا جائے۔(۷) صحافی رائے عامہ کا ترجمان اور رہ نما ہوتا ہے،اسے اپنے ہنر سے عوام کی تائید کے ساتھ ساتھ عوام کو درس بھی دینا چاہیے۔دورِ حاضر کے صحافیوں کوبھی اپنی ان ذمہ داریوں کو ذہن میں رکھ کرقلم اٹھانا چاہیے ،تاکہ سماج و معاشرے کی حقیقی تصویر سامنے آسکے اورمعاشرے میں پنپ رہی خامیوں کو دور کیا جاسکیں۔مسائل کا حل تلاش کیا جاسکیں ۔اب تک کے مطالعہ سے بخوبی اندازہ ہو جاتا ہے کہ صحافت بہت بڑی طاقت رہی ہے، یہ چاہے تو ملک وقوم کی تصویر اور تقدیر دونوں ہی بدل سکتی ہیں ۔آج بھی اردو اخبارات کی کمی نہیں ہے، ہندستان میں آج بھی بے شمار اخبارات ملک کے کونے کونے سے نکل رہے ہیں جن میں روزنامہ پاسبان بنگلور ،روزنامہ سالار، بنگلور،روزنامہ انقلاب، ممبئ ،روزنامہ اُردو ٹائمز، ممبئ ،روزنامہ قومی تنظیم، پٹنہ ،روزنامہ قومی آواز، دہلی ،روزنامہ رہنمائے دکن، حیدرآباد،روزنامہ راشٹریہ سہارا،(کثیرالاشاعت روزنامہ جو ممبئ، بنگلور، دہلی، گورکھپور، لکھنؤ، کلکتہ، پٹنہ، حیدرآباد، رانچی اور کانپور سے بیک وقت شائع ہوتا ہے)روزنامہ سیاست، حیدرآباد،روزنامہ سیاستِ جدید، کانپور،روزنامہ ایکسپریس ،روزنامہ اعتماد، حیدرآباد، دکن، روزنامہ بیباک لکھنؤ ہفت روزہ صدائے بسمل لکھنؤ،روزنامہ جنگ ،جموں وکشمیر،قومی صحافت لکھنؤ وغیرہ خصوصیت سے قابل ذکر ہیں ۔یہ خوش آئند بات ہے کہ اردو اخبارات کی کمی نہیں ہےاور نہ ان کے مطالعہ کرنے والوں کی ضرورت صرف اس بات کی ہیں کہ ان اخبارات میں بھی وہی جوش، وہی ولولہ وہی حقیقت پسندی موجود ہو جو آزادی سے قبل اخبارات میں ہوا کرتی تھی جن کے منظر عام پر آنے سے انگریزوں کے دانت کھٹے ہوگئے تھے۔

بلاشبہ اردو ہندوستان کی مشترکہ گنگا-جمنی تہذیب کی علامت ہے۔اخبارات کے معاملے میں بھی یہ پیچھےنہیں رہی۔اردو صحافت کی ایک تابناک تاریخ رہی ہیں جس کو جاننا سمجھنا ہندستان کو جاننے سمجھنے کے مترادف ہے۔یقیناً ہندستان کی سچی تصویر صحافت کے پنوں میں پوشیدہ ہیں میں اپنی باتوں کو اختتام اقبال کے اس شعر کے ساتھ کرنا چاہونگی کہ:

ہاں دکھا دے اے تصور پھر وہ صبح و شام تو
دوڑ پیچھے کی طرف اے گردش ایام تو

محمد ضیاء العظیم (پھلواری شریف، پٹنہ)

اردو صحافت کا فن وارتقائی سفر کا مختصر جائزہ

صحافت عربی زبان کا لفظ ہے۔ جو لفظ صحیفہ سے مشتق ہے۔ صحافت کا مترادف لفظ Journalism ہے۔ جس کا ماخذ لاطینی لفظ Diumal ہے۔ صحافت کو ابتداء ہی سے اطلاع رسانی کے ساتھ ساتھ معاشرتی بیداری کا سب سے مؤثر وسیلہ تصور کیا جاتا ہے۔ اردو صحافت کا جنم اردو شاعری کی طرح فارسی صحافت کی کوکھ سے ہوا۔ ہندوستان میں فارسی زبان کے اخبارات مغل حکومت کے سنہری دور میں جاری ہوئے۔ لیکن یہ فارسی اخبارات بھی فارسی شاعری کی طرح عام ہندوستانی معاشرے سے لاتعلق تھے فارسی اخبار تک صرف طبقہ اشرافیہ کی دسترس تھی۔ علامہ عتیق صدیقی کی مشہور کتاب ''فوزی'' کے حوالے سے گروبچن چندن نے اپنے ایک مضمون میں مغلیہ اخبار کے متعلق گفتگو کی ہے:

''اورنگ زیب عالمگیر رح کے زمانے میں شاہی محل کے لیے روزانہ ایک اخبار شائع کیا جاتا تھا۔ یہ اخبار آج کی طرح چاندنی چوک میں آواز لگا کر بیچا نہیں جاتا تھا۔ مزید ان کے پیش رو مغل بادشاہوں کے وقت میں بھی ایک اخبار شاہی محل کے لیے جاری ہوتا تھا۔ اور اسکی نقلیں دور دراز کے علاقوں کے امراء وغیرہ کو بھیجی جاتی تھیں۔ مغل عہد کے کئی سو اخبارات لندن کے رائل ایشیاٹک سوسائٹی کی لائبریری میں محفوظ ہیں۔'' (اردو صحافت ماضی اور حال۔ از خالد محمود و سرور الہدی ص ۳۶۱۔)

صحافت کو سماجی تبدیلی کے لیے رائے عامہ ہموار کرنے میں اس کے رول کو اساسی سمجھا جاتا ہے۔ یہی سبب ہے کہ آزادی وطن سے قبل کے متعدد سماجی مصلحتوں، سیاسی لیڈروں، مفکروں، دانشوروں نے فرسودہ معاشرتی رسوم کے خلاف عوام میں بیداری پیدا کرنے اور غیر ملکی تسلط کے خلاف صدائے احتجاج بلند کرنے کے لیے اخبار و جرائد کو ہی وسیلہ بنایا اور اخبارات نکالے اور اسی کے ذریعہ صدائے حق بلند کیں۔ ہندوستان کی تحریک آزادی میں صحافت کا کردار تاریخی رہا ہے، یہ کہنا غلط نہ ہوگا کہ صحافت نے آزادی دلانے میں بنیادی رول ادا کیا۔ صحافت کی آزادی میں کی گئی خدمات کو دیکھتے ہوئے بلا مبالغہ یہ کہا جا سکتا ہیں کہ اردو صحافت نہ ہوتی تو شاید ہندوستان کی آزادی کا کو سورج دیکھنا نصیب نہ ہوتا۔ آزادی اور انقلاب کے جذبے کو بیدار کرنے میں اردو صحافت کا اہم رول رہا ہے۔ ساتھ ہی اردو زبان و ادب کو فروغ دینے میں جو خدمات صحافت نے انجام دی اسے کبھی فراموش نہیں کیا جا سکتا۔ آج کے عہد میں اردو زبان بہ ذریعہ صحافت عوام تک پہنچ رہی ہے اور وسیع پیمانے پر خدمات انجام دے رہی ہے۔

دنیا کے تمام فنون کے کچھ اصول وضوابط ہوتے ہیں، صحافت کا فن بھی ایسا ہی ہے۔ انسان جب سے دنیا میں سماجی زندگی بسر کر رہا ہے۔ خبروں کی ترسیل بھی اسی عہد سے جاری ہے۔ ابتدا میں انسانی معلومات کی ترسیل کا کیا معیار تھا یہ اس عہد کے مذہبی صحیفوں سے بخوبی پتہ چلتا ہے۔ جیسے جیسے انسان متمدن اور مہذب طرز معاشرت کی طرف بڑھتا رہا

خبروں کی ترسیل کا مرحلہ بھی فنی لحاظ سے مستحکم بننے لگا۔اور دیگر علوم کی طرح اس کے بھی اپنے کچھ اصول وضوابط تیار کیے گئے ۔عہد جدید میں صحافت کو باقاعدہ ایک علمی فن تسلیم کیا گیا ہے۔آج زندگی کا شاید ہی کوئی گوشہ ہے جس میں اس کا عمل دخل نہ ہو۔ماہرین صحافت نے اس فن کو جدید خطوط پر دنیا کے سامنے پیش کیا۔ہندوستان میں اس فن کو انگریزوں نے ترقی دی اور اسے کچھ قوانین کا پابند بھی بنایا۔حالانکہ آگے چل کر انگریزوں نے فن صحافت پر قدغن بھی لگائی لیکن گزرتے وقت کے ساتھ بحیثیت فن صحافت اور اس کا دامن وسیع سے وسیع تر ہوتا رہا۔اس ضمن میں محترم محمد شکیل و نادر علی خان ہندوستانی پریس کے حوالے سے لکھتے ہیں:

''ایسٹ انڈیا کمپنی کے وجود سے جہاں لاتعداد نقصانات کا سلسلہ شروع ہوا۔وہیں فنون طباعت و صحافت میں مفید اضافے بھی ہوئے چنانچہ موجودہ صحافت کا سنگ بنیاد بھی اسی کا رہین منت ہے۔'' (اردو دنیا دسمبر ۵۱۰۲۔ص۔۱۲۔)

اسی طرح صحافت کے سلسلے میں ذیل میں چند تعریفیں ملاحظہ فرمائیں،جس سے صحافت کے ساتھ ساتھ اس کے فن کو بھی سمجھنے میں مدد ملتی ہے۔عبدالسلام خورشید لکھتے ہیں:

''صحیفے سے مراد مطبوعہ مواد ہے جو مقررہ وقفے کے بعد شائع ہوتا ہے چنانچہ تمام اخبارات و رسائل صحیفے ہیں اور جو لوگ اس کی ترتیب وتحسین اور تحریر سے وابستہ ہیں انھیں صحافی کہا جاتا ہے اور ان کے پیشے کو صحافت کا نام دیا گیا ہے۔'' (عبدالسلام خورشید۔فنِ صحافت، مکتبہ کارواں، لاہور)

اسی طرح ولیم ایل رانگرس لکھتا ہیں ''عوام یا عوام کی ایک بڑی تعداد کو اپنی طرف متوجہ کرنے والے ہر واقعہ کو خبر بنایا جاسکتا ہے۔''

ولیم بروکس کے مطابق :''جو واقعہ معمول سے ہٹ کر ہو وہ خبر ہے۔'' جب کہ فریڈ مورس کے لفظوں میں ''جو چیز ہماری زندگی کو فوراً متاثر کرنے والی یا اثر انداز ہونے والی ہو خبر ہے۔''

اسی طرح مشرقی مفکر ڈاکٹر عبدالسلام خورشید صحافت کے ضمن میں لکھتے ہیں:

''صحافت ایک عظیم مشن ہے۔اس کا مقصد یہ ہے کہ لوگوں کو تازہ ترین خبروں سے آگاہ کیا جائے۔عصر حاضر کے واقعات کی تشریح کی جائے اور ان کا پس منظر واضح کیا جائے تا کہ رائے عامہ کی تشکیل کا راستہ صاف ہو۔صحافت رائے عامہ کی ترجمان اور عکاس بھی ہوتی ہے۔اور رائے عامہ کی رہنمائی کے فرائض بھی سرانجام دیتی ہے۔عوام کی خدمت اس کا مقصد فرض ہے۔اس لیے صحافت معاشرے کے ایک اہم ادارے کی حیثیت رکھتی ہے۔''(بحوالہ : ابلاغیات۔۔از ڈاکٹر محمد شاہد حسین ص۴۴)

ان تعریفوں میں بیان کردہ موضوعات کے علاوہ بھی جنسیات،تشدد اور معاشیات سے جڑی بد عنوانیاں،علمی،ادبی شخصیات، کھیل اور فلم کے فنکاروں سے متعلق معلومات اور بیداری مہم سے متعلق مواد بھی خبر کے دائرے میں آتے ہیں۔اس طرح خبر کی کوئی ایک جامع تعریف کرنی مشکل ہے۔البتہ یہ کہا جاسکتا ہے کہ:

صحافت یا خبر وہ ہے جو عوام کی زندگی سے جڑی ہوئی حقیقتوں سے عوام کو روشناس کرائے، کسی بھی واقعے، حادثے،سانحے ،تشدد، ارضی وسماوی آفات یا اس سے متعلق پیشین گوئیاں، اقتصادی سرگرمیاں،سیاسی نشیب وفراز اور

تفریحی مشاغل وغیرہ خبر کے دائرے میں آتے ہیں۔فن صحافت کی تفہیم کے لیے چند رسومیات فن صحافت درج ہیں۔(۱)خبروں کی حصولیابی کے تمام طریقہء کار سے با خبری(۲) ذرائع ابلاغ سے رشتہ (۳)خبروں کی تفہیم پر دسترس (۴)الیکٹرانیک میڈیا کا شعور(۵) زبان و بیان پر گرفت(۶) صحافتی کو حق گو ہونا چاہیے،(۷) بے باک بھی ہونا چاہیے(۸)، صحافی کا شعور انتہائی مستحکم اور پائدار ہونا چاہیے،(۹) صحافتی فرقہ پرستی سے پاک ہو(۱۰) کسی بھی گروہ بندی کا شکار نہ ہو۔وغیرہ یہی وہ عناصر ہیں جو کسی بھی صحافی کو صحافت کے میدان میں سرفراز اور کامیاب بناتے ہیں۔

ہندوستان میں اردو صحافت کا باضابطہ آغاز سن ۲۲۸۱ سے ہوا۔جام جہاں نما“ اردو کا اولین مطبوعہ اخبار ہے۔جو۲۷ مارچ ۲۲۸۱ کو کلکتہ سے جاری ہوا۔اس اخبار کے ایڈیٹر منشی سدا سکھ لعل اور مالک ہری ہردت تھے۔یہ ایک ہفت روزہ اخبار تھا۔یہ اخبار فارسی ٹائپ میں چھپتا تھا۔چوں کہ اُس وقت فارسی ٹائپ کا ہی رواج تھا اس اخبار کی سب سے بڑی خوبی یہ تھی کہ یہ اردو کا پہلا اخبار تھا اور اسکے ایڈیٹر اور مالک غیر مسلم تھے۔جدو جہد آزادی ۷۵۸۱ سے قبل ہندوستان کے مختلف شہروں سے متعدد اردو اخبارات جاری ہو چکے تھے۔

اردو کے مشہور و معروف ادیب مولانا محمد حسین آزاد کے والد مولوی محمد باقر نے ۶۳۸۱ میں جاری کیا تھا۔یہ اخبار اپنے عہد کی عکاسی کرتا تھا۔جدو جہد آزادی میں مولوی محمد باقر کی خدمات کو فراموش نہیں کیا جاسکتا۔اردو کے پہلے شہید صحافی کے طور پر آپ کو موسوم کیا جاتا ہے۔مولوی محمد باقر کا اپنا ایک چھاپا خانہ اور ایک بڑی لائبریری بھی تھی۔جو ۷۵۸۱ کی لڑائی میں تباہ ہوگئی۔لیکن ”دلی اردو اخبار“ نے ایک تاریخ ضرور ثبت کردی۔ہندوستان کی تاریخ میں یہ عہد اردو اخبارات کا سنہرا دور بھی کہا جاسکتا ہے کیونکہ اس عہد میں ہندوستان کے کونے کونے سے کئی اہم اخبارات ورسائل جاری ہوئے،کئی اہم پریس کھلے جس کے سبب اردو زبان وادب کو بھی فروغ ہوا،مثلا ۲۴۸۱ میں چنئی سے ”جامع الاخبار“ جاری ہوا۔اسے جنوبی ہند کا پہلا اردو اخبار تسلیم کیا جاتا ہے۔سید رحمت اللہ اس اخبار کے ایڈیٹر تھے۔یہ اخبار اپنے عہد کا دلچسپ مرقع اور دل کش ترجمان تھا۔اسی طرح ایک اور اہم خبار ۵۴۸۱ میں دہلی کالج سے ہفت روزہ ”قرآن السعدین“ جاری ہوا۔اس کے پہلے ایڈیٹر پنڈت دھرم نارائن بھاسکر تھے جو غیر معمولی صلاحیت کے مالک تھے۔اس اخبار میں سائنسی،ادبی اور سیاسی مضامین شائع ہوتے۔علمی افادیت اور اردو مضامین کے تنوع کے اعتبار سے ہندوستان کے ممتاز اخبارات میں شمار ہوتا تھا۔اسی طرح اتر پردیش لکھنؤ کا پہلا اخبار ”لکھنؤ اخبار“ کے نام سے ۷۴۸۱ میں جاری ہوا،جس کے ایڈیٹر لال جی تھے۔۶۵۸۱ میں لکھنو سے کئی اخبارات جاری ہوئے۔رجب علی بیگ سرور کے دوست مولوی محمد یعقوب انصاری نے ”اخبار طلسم لکھنؤ“ جاری کیا۔اس کے علاوہ امیر مینائی اور رگھوویر پرشاد نے ”سحر سامری“ اور عبد اللہ نے ”مخزن الاخبار“ جاری کیا۔میرٹھ سے ”جام جمشیدی“ جاری ہوا۔اس اخبار کے ایڈیٹر بابو شیو چندر ناتھ تھے۔اس سے قبل آگرہ سے ۶۴۸۱ میں ”صدر الاخبار“ جاری ہوا جسے آگرہ کا پہلا اردو اخبار تسلیم کیا جاتا ہے۔سن ۹۴۸۱ میں چنئی سے ایک اور اخبار ”آفتاب عالم تاب“ جاری ہوا۔اس کی خبروں کا حوالہ مشہور ریاضی داں ماسٹر رام چندر کے اخبار ”فوائد الناظرین“ میں پایا جاتا ہے۔۰۵۸۱ میں لاہور سے ”کوہ نور“ جاری ہوا۔اس اخبار کے ایڈیٹر منشی ہری سکھ رائے تھے۔۶۶۸۱ میں

''سائنٹفک سوسائٹی'' کا اجرا عمل میں آیا۔ جس کے روح رواں اور مرکز اور محور سر سید احمد خان تھے۔ سن ۱۸۷۷ میں لکھنو سے ایک بڑا اخبار ''اودھ پنچ'' منظر عام پر آیا۔ اسے منشی سجاد حسین نے ''لندن پنچ'' کے طرز پر جاری کیا تھا۔ یہ اخبار ۳۵ برس تک جاری رہا۔ اردو عربی اور فارسی کی کتابوں کی طباعت میں گراں قدر خدمات انجام دینے والے منشی نول کشور نے ۱۸۵۸ میں لکھنو سے ''اودھ اخبار'' شروع کیا۔ یہ اخبار پہلے ہفت روزہ تھا پھر یہ سہ روزہ ہوا اور ۱۸۷۷ میں یہ اخبار روزنامہ ہوگیا۔ اپنے دور کا اردو کا یہ بہت بڑا اخبار تھا۔ یہ پہلا اردو اخبار تھا جس کے رپورٹر مختلف صوبوں کی راجدھانیوں میں نمائندے رہے۔ اردو کے نامور ادیب و شاعر اس اخبار سے وابستہ تھے۔ آج بھی اس اخبار کی تحریریں بڑے ذوق وشوق سے پڑھی جاتی ہیں۔ یہ اخبار کئی معنوں میں تاریخی اہمیت کا حامل ہے، آج بھی اردو زبان وادب کی تاریخ میں اس اخبار کو قدر و منزلت کی نگاہ سے دیکھا جاتا ہے۔

اردو صحافت کی تاریخ مولانا ابوالکلام آزاد کے ان اخبارات کے ذکر کے بنا ادھوری تسلیم کی جاتی ہے۔ ''الہلال'' اور ''البلاغ'' یہ تاریخ ساز اخبارات تھے۔ سن ۱۹۰۱ میں شیخ عبدالقادر نے لاہور سے ''مخزن'' جاری کیا۔ اردو کے مشہور و معروف شاعر حسرت موہانی نے سن ۱۹۰۳ میں ''اردوئے معلی'' اخبار جاری کیا۔ یہ ایک ادبی رسالہ تھا۔ لیکن سیاسی موضوعات پر بھی اس میں مضامین شائع ہوتے تھے۔ سن ۱۹۰۸ میں خواتین کا رسالہ ''عصمت'' دہلی سے جاری ہوا۔ اس کے ایڈیٹر شیخ محمد اکرام اور پھر علامہ راشد الخیری رہے۔ اردو کے ایک عظیم صحافی مولانا محمد علی جوہر نے ۱۹۱۲ میں دہلی سے ''ہمدرد'' اخبار جاری کیا۔ یہ اخبار حکومت کا نکتہ چیں تھا اور اس کا نتیجہ یہ ہوا کہ ۱۹۱۵ میں یہ اخبار بند ہوگیا۔ اور پھر کچھ عرصہ بعد جاری ہوا۔ ان کے علاوہ سینکڑوں اخبارات جاری ہوئے۔ لیکن ان کی اشاعت، مالی وسائل اور قارئین کی کمی کے باعث بند ہوگئے۔ لیکن بعض اخبارات مختلف مسائل کے باوجود آج بھی جاری ہیں اور قابل تحسین خدمات انجام دے رہے ہیں۔ صحافت کی اہمیت وافادیت سے اس کے مثبت ومنفی پہلوؤں کا تذکرہ کرتے ہوئے کنور محمد دلشاد اپنی تصنیف ''ابلاغ نامہ'' میں لکھتے ہیں:

''صحافت ایک جادو ہے۔ جس کے بول میں خیر و شر کی بجلیاں روپوش ہیں۔ ایک معمولی سی خبر، ایک افواہ یا ایک غلط بیانی کے دور رس نتائج مرتب ہوتے ہیں جن پر قابو پانا مشکل ہو جاتا ہے۔ کسی شخص کو بام عروج پر پہنچانا ہو مذلت میں ڈھکیلنا ہو، کسی یا تحریک کو قبولیت کی سند عطا کرنا ہوگا یا اس سے متنفر کرنا ہوگا، حکومت کی کسی پالیسی کو کامیاب بنانا یا ناکام کرنا ہو، یا مختلف اقوام میں جذبات نفرت یا دوستی پیدا کرنا ہو تو یہ صحافت کا ادنی سا کرشمہ ہے۔'' (بحوالہ: اردو دنیا شمارا دسمبر ۲۰۱۵ ص ۱۲)

اردو اخبارات کی ایک طویل تاریخ رہی ہے۔ اردو صحافت نے معاشرے کو ایک خاص ڈگر پر لانے میں اہم کردار ادا کیا ہے اور آج بھی کر رہے ہیں۔ جس کا اعتراف ہمیں کھلے دل سے کرنا چاہیے۔ اکیسویں صدی میں بھی یہ سلسلہ ہنوز جاری و ساری ہے۔ حالانکہ آج کے عہد میں بہت سی تبدیلیاں آچکی ہیں، پہلے جیسا ماحول نہیں رہا لیکن خوش آئند بات یہ ہے کہ اردو اخبارات بڑی تعداد میں آج بھی نکل رہے ہیں، جن میں سیاسی، سماجی، معاشی، معاشرتی موضوعات کے ساتھ ساتھ علمی وادبی، مذہبی اور سنجیدہ.........................

موضوعات پر بھی مضامین لکھے جا رہے ہیں۔ آج کے اس برق رفتار عہد میں، صحافت کی اہمیت و افادیت سے کسی بھی صورت میں انکار نہیں کیا جا سکتا۔ صحافت انسانی اقدار کے تحفظ کی ضامن اور مظلوم و مجبور عوام کے جذبات و احساسات کی ترجمان ہوتی ہے۔ یقیناً اردو صحافت کی تابناک تاریخ اور اس کے فن کا احاطہ ایک مختصر مضمون میں ممکن نہیں لیکن اس چھوٹی سی کوشش میں تمام اہم پہلوؤں کو سمونے کی ان کا احاطہ کرنے کی بھرپور کوشش کی گئی ہے۔ امید ہے میری کاوش آپ سب کو پسند آئے گی۔

﴿استفادہ کتب﴾

(1) ابلاغیات ڈاکٹر شاہد حسین، ایجوکیشنل پبلشنگ ہاؤس، دہلی۔

(2) الیکٹرانک میڈیا میں ابھرتے رجحانات ڈاکٹر طارق اقبال صدیقی۔

(3) عوامی ذرائع ترسیل ڈاکٹر اشفاق محمد خاں۔

(4) میڈیا روپ اور بہروپ سہیل انجم۔

(5) آئینہ خانے میں، مطبوعہ، افکار، کراچی، دسمبر 1963۔

(6) اردو صحافت نگاری، اودھ نامہ ڈاٹ کام۔

(7) ابلاغیات۔۔از ڈاکٹر محمد شاہد حسین، ایجوکیشنل پبلشنگ ہاؤس، دہلی۔

(8) فن صحافت۔از ڈاکٹر عبد السلام خورشید، ایجوکیشنل پبلشنگ ہاؤس، دہلی۔

(9) اردو صحافت ماضی اور حال۔ از خالد محمود و سرور الہدی، ایجوکیشنل پبلشنگ ہاؤس، دہلی۔

(10) اردو صحافت مسائل اور امکانات۔ از ڈاکٹر ہمایوں اشرف۔

معصوم مرادآبادی

اردو صحافت کے 200 سال: پتھر کے عہد سے کمپیوٹر تک

آج جو لوگ رنگین طباعت اور بہترین کاغذ پر اردو اخباروں کا مطالعہ کرتے ہیں، ان میں سے شاید کم ہی لوگوں کو اس بات کا علم ہو کہ اردو اخبارات کی طباعت کا آغاز پتھروں کی مدد سے ہوا تھا ہندوستان میں اردو صحافت کی تاریخ لازوال قربانیوں اور جہد مسلسل سے عبارت ہے۔ انیسویں صدی کے اوائل میں جب شہرِ نشاط کلکتہ سے اردو صحافت کا آغاز ہوا تو اس کے خدوخال واضح نہیں تھے اور نہ ہی مستقبل کا کوئی خاکہ تھا۔ یہ وہ پرآشوب دور تھا جب ملک پر انگریزوں کا تسلط تھا۔ لکھنے اور بولنے پر پابندیاں عائد تھیں۔ ان مشکل حالات میں ظالم حکمراں کے سامنے کلمہ حق ادا کرنے کا جوکھم سب سے پہلے اردو صحافت نے اٹھایا اور وہ جنگ آزادی کا ہراول دستہ بن گئی۔ جدوجہد آزادی میں انگریز اردو اخبارات اور اس کے مدیروں سے کس حد تک خوفزدہ تھے، اس کا اندازہ اس بات سے لگایا جاسکتا ہے کہ 1857 کی جنگ آزادی کی ناکامی کے بعد انگریزوں نے جن لوگوں کو سب سے پہلے سزائے موت دی ان میں 'دہلی اردو اخبار' کے ایڈیٹر مولوی محمد باقر اور 'پیام آزادی' کے مدیر مرزا بیدار بخت شامل تھے۔ مولوی محمد باقر کو توپ کے دہانے پر رکھ کر اڑادیا گیا اور مرزا بیدار بخت کے جسم پر سور کی چربی مل کر پھانسی دے دی گئی۔ اس دور میں اردو صحافت نے آزادی اور قومی اتحاد کے لیے جو جنگ لڑی، اس کا اندازہ کلکتہ سے شائع ہونے والے قدیم اخبار 'روزنامہ ہند' کے ایڈیٹر رئیس الدین فریدی کے درج ذیل بیان سے بھی ہوتا ہے:

"1857 سے 1930-35 تک ملک گیر پیمانے پر آزادی اور قومی اتحاد کے لیے جنگ کرنے کا سہرا زیادہ تر اردو اخبارات کے سر رہا، کیونکہ ہندی اخبار اس زمانے میں برائے نام ہی تھے۔ انگریزی کے اکثر اخبار انگریزوں کے ہمنوا تھے اور علاقائی زبانوں کے اخباروں کا حلقہ اثر محدود تھا۔" (آجکل، نومبر، دسمبر 1983)

آپ کو یہ جان کر تعجب ہوگا کہ آزادی کی جنگ میں ایک ایسا اردو اخبار بھی پیش پیش تھا، جس کا ایڈیٹر اپنی تقرری سے پہلے یہ شرط منظور کرتا تھا کہ اس کی تنخواہ 'جو' کی ایک روٹی اور پانی کا ایک پیالہ ہوگا، جو اسے جیل میں ادا کی جائے گی۔ ہفتہ وار 'سوراجیہ' کے نام سے یہ اخبار 1907 میں بابو شانتی نرائن بھٹناگر نے الہ آباد سے جاری کیا تھا۔ یکے بعد دیگرے اس اخبار کے 9 ایڈیٹروں نے بغاوت کے جرم میں گرفتاریوں اور 'کالاپانی' کی سزائیں جھیلیں۔ 'سوراجیہ' کے آٹھویں ایڈیٹر لدھا رام کو الہ آباد کے سیشن جج رستم جی نے دس سال قید کالاپانی کی سزا سنائی تھی۔

1912 میں اردو صحافت کے افق پر نمودار ہونے والے تین اہم ترین اخباروں کا تذکرہ بے جا نہیں ہوگا، جنھوں نے اردو صحافت کی تاریخ میں کلیدی کردار ادا کیا۔ مولانا ابوالکلام آزاد نے کلکتہ سے 'الہلال' جاری کیا جبکہ اسی دور میں مولانا محمد علی جوہر نے دہلی سے 'ہمدرد' اخبار کا اجرا

کیا۔ مولوی مجید حسن نے بجنور سے 'مدینہ' جاری کیا، جو سب سے زیادہ عرصہ تک زندہ رہا۔ مولانا ابوالکلام آزاد کے اخبار 'الہلال' کی 17 مرتبہ ضمانت ضبط کی گئی۔ جس کے نتیجے میں اس کی اشاعت روک کر مولانا آزاد نے 'البلاغ' کا اجراء کیا۔ مولانا محمد علی جوہر کی گرفتاری کے بعد 'ہمدرد' کی اشاعت بھی بند ہوئی۔ مگر ان تینوں ہی اخبارات نے جنگ آزادی میں نمایاں کردار ادا کیا۔ لاہور سے شائع ہونے والا مولانا ظفر علی خاں کا 'زمیندار' بھی اسی دور کی نشانی ہے۔ 'زمیندار' کو اس زمانے میں 22 ہزار روپے ضمانتوں کے طور پر جمع کرانے پڑے۔ اس کے بیس ایڈیٹروں کو قید و بند کی صعوبتیں اٹھانی پڑیں۔ اردو صحاف کے بنیاد گزاروں میں سرسید احمد خاں ('تہذیب الاخلاق') منشی نول کشور (اودھ اخبار) مولانا حسرت موہانی (اردوئے معلیٰ) کی خدمات بھی ناقابل فراموش ہیں۔

اردو اخبارات کی یہ جدوجہد محض انگریز سامراج سے لوہا لینے تک ہی محدود نہیں تھی بلکہ ابتدائی دور میں تکنیکی دشواریاں بھی اردو صحافت کو دامن گیر رہیں۔ اردو صحافت کے لیے یہ ہر اعتبار سے ایک مشکل اور آزمائشوں سے بھرا دور تھا۔ یہ آزمائشیں ایسی پریشان کن تھیں کہ آج کے دور میں ان کا کوئی تصور بھی نہیں کیا جاسکتا۔ آج جو لوگ رنگین طباعت اور بہترین کاغذ پر اردو اخباروں کا مطالعہ کرتے ہیں، ان میں سے شاید کم ہی لوگوں کو اس بات کا علم ہو کہ اردو اخبارات کی طباعت کا آغاز پتھروں کی مدد سے ہوا تھا۔ آج کمپیوٹر اور انٹرنیٹ کی دنیا سے استفادہ کرنے والوں کو یہ بات بھی نہیں معلوم ہوگی کہ ماضی قریب تک اردو کے اخبارات پہلے مسطر پر کتابت کے دشوار گزار مرحلے سے گزر کر سست رفتار مشینوں پر چھپتے تھے۔ آج ویب آفسیٹ مشینوں کا دور ہے جو چند گھنٹوں میں لاکھوں اخبار چھاپ کر خود ہی فولڈ بھی کر دیتی ہیں، لیکن لیتھو مشینوں کا مسئلہ یہ تھا کہ وہ ساری رات میں ایک دو ہزار اخبار چھاپنے پر ہی قادر تھیں۔ مشین میں کاغذ کو ہاتھ سے لگانا پڑتا تھا اور سیاہی بھی ہاتھ سے ڈالنی پڑتی تھی۔ پھر ایک بائنڈر انھیں فولڈ کرتا تھا اور ہاکر اپنے کاندھے پر اٹھا کر بیچنے نکلتا تھا۔ آج اخبارات کی دنیا یکسر بدل چکی ہے۔ کتابت و طباعت کے دشوار گزار مراحل سے نجات مل چکی ہے اور اردو اخبارات ٹیکنالوجی کے میدان میں انگریزی اور دیگر ترقی یافتہ زبانوں سے آنکھیں چار کر رہے ہیں۔ حالانکہ وسائل آج بھی محدود ہیں۔

آزادی کے 5 سال بعد 1952 میں پہلا پریس کمیشن وجود میں آیا جس نے فوری طور پر رجسٹرار آف نیوز پیپرس آف انڈیا (آر این آئی) کے قیام کی پرزور سفارش کی تاکہ وہ اخبارات کے سرکولیشن اور اعداد و شمار کی رپورٹ ہر سال وزارت اطلاعات و نشریات کو پیش کرے۔ آر این آئی کی اولین رپورٹ 1958 میں منظر عام پر آئی جس میں 1957 کے اعداد و شمار پیش کیے گئے تھے۔

9 اکتوبر 1961 کو نئی دہلی میں اردو اخبارات اور کتب کی کل ہند نمائش کے موقع پر وزیر اعظم پنڈت جواہر لال نہرو نے کہا کہ ''متحدہ ہندوستان میں اردو اخبارت اور جرائد کی مجموعی تعداد 415 تھی جو تقسیم وطن کے بعد 345 رہ گئی یعنی 70 اخبارات تقسیم کے نتیجے میں پاکستان کے حصے میں چلے گئے۔ رجسٹرار نیوز پیپرس آف انڈیا کی پہلی سالانہ رپورٹ میں یہ انکشاف کیا گیا کہ 1957 میں ہندوستان میں اردو اخبارات اور جرائد کی کل تعداد 513 تھی۔ یعنی

آزادی کے بعد پہلی دہائی میں سخت پریشانیوں کے باوجود اردو اخبارات وجرائد کی تعداد میں 168 کا اضافہ درج ہوا۔ اس سے اردو زبان کی تخلیقی قوت ظاہر ہوتی ہے۔ 1957 میں 513 اخبارات میں سے جن 292 اخبارات نے اپنی تعداد اشاعت آر این آئی کو فراہم کی تھی ان کا مجموعی سرکولیشن 7 لاکھ 84 ہزار تھا۔ یہ تعداد ملک کی تمام زبانوں کے اخبارات کی کل تعداد اشاعت کا 7 فیصد تھی، جبکہ اردو صحافت کا مقام انگریزی، ہندی اور تمل کے بعد چوتھے نمبر پر تھا۔ آزادی کی پچاسویں سالگرہ پر 1997 میں پیش کی گئی آر این آئی کی سالانہ رپورٹ میں تعداد کے اعتبار سے اردو صحافت ہندی اور انگریزی کے بعد تیسرا مقام حاصل کر چکی تھی، لیکن آج صورتحال یہ نہیں ہے۔

اردو صحافت کی جدیدکاری کا خیال ہمارے پرکھوں کو ابتدا سے ہی تھا۔ اردو اخبارات کو جدید تر بنانے اور انہیں عالمی صحافت کے مقابلے میں لانے کی اولین کوشش سر سید احمد خاں نے کی۔ وہ 1870 میں جب لندن سے واپس آئے تو اپنے رسالہ ''تہذیب الاخلاق'' کے ٹائٹل کا ڈیزائن بنوا کر لائے تھے جس کا اجرا انہوں نے دسمبر 1870 میں کیا۔ سرسید احمد خاں کو اپنے رسالے کے گیٹ اپ کی بڑی فکر تھی۔ وہ اس کا بہت اہتمام کرتے تھے۔ سرسید کے بعد مولانا ابوالکلام آزاد نے اردو صحافت کو طباعت اور گیٹ اپ کے اعتبار سے آسمان پر پہنچایا۔

مولانا آزاد نے اپنے اخبار ''الہلال'' کو زمانے سے ہم آہنگ کرنے کے لیے ترکی ٹائپ درآمد کیا لیکن یہ ٹائپ خط نسخ پر مشتمل تھا اور نسخ کو اردو والوں نے شرف قبولیت عطا نہیں کیا تھا اور وہ اردو کے لیے خط نستعلیق کو قبول کر چکے تھے۔ نستعلیق کو ٹائپ کے قالب میں ڈھالنے کی کوششیں تقریباً ایک صدی سے ناکام ہو رہی تھیں۔ ایک طویل عرصہ اسی جدوجہد میں گزر گیا اور لوگ یہ سوچنے پر مجبور ہو گئے کہ اردو طباعت کو کتابت سے نجات نہیں ملے گی جو کہ اخبارات کی تیز روی سے قطعی ہم آہنگ نہیں تھی۔ آخر کار اکتوبر 1981 میں اردو دنیا کو یہ مژدہ سننے کو ملا کہ پاکستان کے روزنامہ ''جنگ'' نے اپنے لاہور ایڈیشن کا آغاز نستعلیق ٹائپ کمپیوٹر کی مدد سے کر دیا ہے۔ انگلینڈ کی مونو ٹائپ کارپوریشن کمپنی کے اشتراک سے دو مطلوب الحسن سید اور احمد مرزا جمیل نے اس خواب کو تعبیر بخشی۔ انھوں نے نوری نستعلیق کے نام سے دنیا کا پہلا اردو سافٹ ویئر ایجاد کر لیا۔ ابتدا میں اس سافٹ ویئر کی قیمت ایک لاکھ 25 ہزار تھی اور اسے ہندوستان میں سب سے پہلے جالندھر سے شائع ہونے والا اردو روزنامہ ''ہند سماچار'' نے درآمد کیا تھا۔

اردو صحافت کی دنیا میں ایک اور انقلاب مئی 1992 میں اس وقت برپا ہوا جب خبر رساں ایجنسی یو این آئی نے اپنی اردو سروس کا آغاز کیا۔ یہ دنیا میں اپنی نوعیت کی پہلی اردو خبر رساں ایجنسی تھی اور آج بھی اس کا کوئی ہمسر نہیں ہے۔ خبروں کی فراہمی کے لیے اردو اخبارات کو انگریزی زبان کی ایجنسیوں پر انحصار کرنا پڑتا تھا لیکن یو این آئی اردو سروس کے آغاز سے اردو اخبارات کا ایک بڑا دردسر دور ہوا۔ آج دوردرشن اور ریڈیو کے علاوہ ملک کے بیشتر اردو روزنامے یو این آئی اردو سروس سے استفادہ کر رہے ہیں۔

اردو صحافت آج بھی ایک مقصد اور عقیدے سے وابستہ ہے۔ بعض دیگر زبانوں کے اخبارات مقابلہ آرائی کی اندھی دوڑ میں............

ہر روز صحافتی اخلاقیات اور ذمے داریوں کو پیروں تلے روند رہے ہیں اور یہ اخبارات مکمل طور پر جنس بازار بن کر رہ گئے ہیں لیکن اردو صحافت آج بھی خود کو ان آلائشوں سے بچائے ہوئے ہے۔ ظاہر ہے صارفیت کے اس دور میں جبکہ انسانی اور اخلاقی قدروں کا تیزی سے زوال ہو رہا ہے، ایسے میں اردو اخبارات کا یہ رویہ قابل قدر ہے۔ آج بھی اردو کے اخبارات عریاں تصاویر، فحش مواد اور ہیجان انگیز خبروں کے بجائے اخلاقی درس، مذہبی رواداری اور معیاری خبروں سے مزین ہوتے ہیں۔ اردو صحافت کی بنیاد میں ایثار و قربانی، محنت و مشقت، جاں سوزی، اصول پسندی، اخلاقیات اور مقصدیت کی جو اینٹیں رکھی گئی تھیں، اردو صحافت آج بھی ان ہی پر کھڑی ہوئی ہے۔

چراغِ منزل (مضامین) 63 ڈاکٹر محامد ہلال اعظمی

ڈاکٹر اے جے مالوی (الہ آباد)

ہندوستانی صحافت کے تناظر میں اردو صحافت نگاری

صحافت کی تعریف یوں کی جا سکتی ہے کہ صحافت شاعری نہیں ہے، صحافت داستان سرائی بھی نہیں ہے، صحافت خطابت کا بھی نام نہیں ہے، صحافت سیاست بھی نہیں ہے مگر صحافت دراصل بیک وقت ادب، شاعری، داستان گوئی، سیاست بازی، خطابت کی شعلہ سامانی وغیرہ سب کچھ اپنے دامن میں سمیٹے ہوئے ہے۔ صحافی کا قلم کبھی شعلہ برساتا ہے، کبھی شبنم ٹپکاتا ہے، کبھی سماج کے ناسور پر نشتر لگاتا ہے، کبھی لوگوں کو حقیقت کا آئینہ دکھاتا ہے اور کبھی دکھی دلوں کے زخم پر مرہم بھی رکھتا ہے۔ صحافت سیاست میں مکٹ دھاری سمراٹ ہے، اخبار نویس ہے اور بے تاج بادشاہ ہے۔ صحافت کے حدود متعین نہیں ہیں۔ اس کو ہر طرح کے دباؤ سے آزاد ہونا چاہئے۔

صحافت عربی زبان کا لفظ ہے۔ جو لفظ صحیفہ سے مشتق ہے۔ صحافت کا مترادف لفظ Journalism ہے۔ جس کا ماخذ لاطینی لفظ Diumal ہے۔ Webster Dictionary میں لفظ صحافت کی وضاحت یوں بیان کی گئی ہے:۔

Writing designed for publication in a newspaper or public magazine writing characterised by a direct presentation of facts or discription. Writing designed to appeal to current popular taste or current public interest.

جس کا مفہوم یہ ہے کہ اخبار و رسائل میں چھاپنے کی غرض سے تحریری مواد کی تیاری کا نام صحافت ہے۔ جس میں عوامی مذاق اور حالیہ دلچسپیوں سے متعلق امور اور بالواسطہ طریقہ پر اپنی اصلی شکل وصورت میں پیش کردیے جاتے ہیں۔

اس بات کو نظر انداز نہیں کیا جا سکتا ہے کہ ہندوستان میں صحافت کی ابتدا جبر، ظلم وستم اور استبداد کے خلاف آواز بلند کرنے، حق گوئی، صداقت اور آزادئ تحریر کی جنگ کے ساتھ ہوئی۔ جس کا سہرا یقیناً جیمس آگسٹس ہکی (James Augustus Hicky) کے سر جاتا ہے۔ جس نے نہ صرف ہندوستان میں صحافت کی باقاعدہ شروعات کی تھی بلکہ ظلم وستم، استحصال و بربریت اور جبر کے خلاف بڑی بیباکی، بے لاگ اور بے خوف کے ساتھ صحافت کی بنیاد ڈالی۔ 29 جنوری 1780 کو رسم اجرا کیے جانے والے چار صفحات پر مشتمل اور 12x8 انچ سائز پر ایک ہفتہ وار اخبار ”ہکی گزٹ“ کے نام سے یاد کیے جاتے ہیں۔ اس اخبار کے پہلے شمارہ میں جیمس آگسٹس ہکی نے لکھا تھا:

”اخبار چھاپنے کا مجھے کوئی شوق نہیں ہے اور نہ میری طبیعت کو اس کام سے لگاؤ ہے،

میری پرورش بھی اس طرح کی نہیں ہوئی کہ میں محنت ومشقت کی غلامانہ زندگی کا عادی بن سکوں لیکن ان

سب باتوں کے باوجود روح و دماغ کی آزادی کو خریدنے کے لیے میں اپنے جسم کو غلام بنا رہا ہوں۔"

ہندوستانی صحافت جیسے جیسے ترقی کرتی گئی ویسے ویسے اس کی مقبولیت اور محبوبیت بھی بڑھتی گئی اور ہندوستانی عوام کو اپنی طرف گامزن کرانے میں کامیاب ہوتی گئی اور ایک دور ایسا آیا جب لوگ صبح آنکھ کھلتے ہی اخبار کو تلاش کرتے رہے۔ اس طرح صحافت انسان کی زندگی کا ایک اہم جُز بن گیا۔ اردو کے مشہور و معروف شاعر اکبر الہ آبادی نے صحافت پر اپنے تاثرات کا اظہار یوں کیا ہے:

کھینچوں نہ کمانوں کو، نہ تلوار نکالو
جب توپ مقابل ہو، تو اخبار نکالو

اس کا مفہوم یہ ہے کہ صحافت اتنی کامیاب اور مضبوط کڑی ہے کہ اس کے سامنے تیر، کمان، بندوق اور توپ بھی بیکار ہے۔ محولا بالا شعر کہتے وقت اکبر الہ آبادی کے ذہن میں یقیناً اپنے دور کے عظیم تر تانا شاہ نپولین بونا پارٹ کا وہ مشہور جملہ رہا ہوگا جس میں اس نے صحافت کی طاقت کے سامنے سر جھکاتے ہوئے کہا تھا:

"I fear three newspapers,more than a hundred thousand baynets."

لاکھوں سنگینوں سے زیادہ میں تین اخبار سے خوف زدہ رہتا ہوں۔ نپولین بونا پارٹ کا یہ خیال صحافت کی قدر و قیمت کو اجاگر کرتا ہے۔ جو کام صحافت سے لیا جا سکتا ہے وہ توپوں اور بندوقوں سے نہیں لیا جا سکتا ہے۔

ہندوستان میں صحافت کا آغاز اٹھارہویں صدی کی دوسری دہائی میں ہو چکا تھا۔ اس زمانہ میں اخبار انگریزوں کے ذریعہ شائع ہوتے تھے لیکن پہلا عوامی اخبار بنگلہ زبان میں 1816 میں 'بنگلہ سماچار' کے نام سے گنگا دھر بھٹا چاریہ نے کلکتہ سے شائع کیا اور انگریزی زبان میں 'بنگال گزٹ' کے نام سے شائع ہوا۔ راجا رام موہن رائے نے 1821 میں کلکتہ سے ہفتہ وار اخبار 'سمواد کومودی' بنگلہ زبان میں نکالا۔ اس دور میں مختلف زبانوں کے اخبار کلکتہ اور دوسری جگہوں سے شائع ہوئے۔ جس میں اردو، فارسی اور ہندی کے بھی اخبار شامل ہیں۔ راجا رام موہن رائے نے 2 اپریل 1822 میں فارسی زبان میں 'مراۃ الاخبار' نکالا۔ ہندوستانی کتنے حساس دل کے مالک ہوتے ہیں۔ آپ اس کا اندازہ اسی بات سے لگا سکتے ہیں کہ ایران کی زبان فارسی ہونے کے باوجود فارسی زبان کا پہلا اخبار ایک ہندو برہمن راجا رام موہن رائے نے بخوبی نکالا۔ 'بنگ دوت' راجا رام موہن رائے نے 1830 میں نکالا۔ 'بامبے سماچار' گجراتی زبان کا پہلا روزنامہ اخبار تھا۔ جس کو فردون جی مرجبان نے 1830 میں شائع کیا۔ دادا بھائی نوروجی نے گجراتی زبان میں ایک اخبار 'رست گوفتار' کے نام سے 1830 میں نکالا۔ بینیٹ کولمن اینڈ کمپنی نے 1831 میں 'بامبے ٹائمس' کے نام سے انگریزی زبان میں اخبار نکالا۔ اس اخبار کا نام 1861 میں 'ٹائمس آف انڈیا' ہو گیا ہے اور عہد حاضر میں متواتر دھلی سے شائع ہو رہا ہے۔

پہلی جنگِ آزادی 1857 سے قبل ہندوستان کے تمام شہروں سے کئی کئی اخبار تمام ہندوستانی زبانوں میں شائع ہو چکے تھے۔ 1826 میں 'اُدنت مارتنڈ' ہندی زبان کا پہلا اخبار جگل کشور شکلا نے کلکتہ سے شائع کیا۔ یہ بات قابلِ غور و فکر ہے کہ ہندی زبان کے پہلے اخبار 'اُدنت مارتنڈ'

سے قبل اردو زبان میں 27 مارچ 1822 کو 'جامِ جہاں نما' کلکتہ سے شائع ہوا۔ جس کے ایڈیٹر منشی سدا سکھ مرزا پوری اور مالک ہری ہر دتا تھے۔ یہ اخبار ولیم ہوپکنس کے مشن سے شائع ہوتا تھا۔ یہ ایک ایسا ہفتہ وار اخبار تھا جو شروع میں 11x8 انچ کی سائز میں چھ صفحات پر مشتمل تھا۔ اخبار کے ہر صفحہ پر دو کالم اور ہر کالم میں عام طور پر 22 سطریں ہوا کرتی تھیں اور فارسی ٹائپ میں شائع ہوتا تھا۔ اس اخبار کے چھ شمارہ اردو زبان میں شائع ہوئے لیکن بعد میں یہ اخبار فارسی زبان میں شائع ہونے لگا اور 1876 تک یہ اخبار متواتر شائع ہوتا رہا ہے۔ کچھ محققین کی رائے ہے کہ اردو کا پہلا اخبار 'جامِ جہاں نما' نہیں ہے بلکہ ٹیپو سلطان کا اخبار 'سپہ اخبار' ہے۔ ٹیپو سلطان اپنی شہادت سے پانچ سال قبل اور 'جامِ جہاں نما' جاری ہونے کے 28 برس قبل 1794 میں شائع کیا تھا۔ ماہ نامہ اردو دنیا، نئی دھلی کے جنوری 2009 کے شمارہ میں شائع نسیم منگلور نے اپنے مضمون 'اردو کے سماچار پتر' کے صفحہ 45 میں رقمطراز ہیں:

"ہندوستان میں اردو زبان کا پہلا اخبار شائع کرنے کا سہرا ٹیپو سلطان کے سر بندھتا ہے۔ جس نے 1794 میں 'سپہ اخبار' شائع کیا۔ یہ اخبار خاص طور سے سپاہیوں کے لیے تھا۔ اس میں جہاد کے سلسلے میں اور ملک کی حفاظت کے متعلق مضامین شائع ہوتے تھے۔ یہ اخبار ٹیپو سلطان کی شہادت تک متواتر شائع ہوتا رہا ہے۔ بعد میں انگریزوں نے قلعے پر قبضہ کر لیا تو اس اخبار کی ساری کاپیاں نذرِ آتش کر دی گئیں۔"

صوبہ اتر پردیش سے اردو زبان کا پہلا اخبار 'خیر خواہِ ہند' 1837 میں مرزا پور سے شائع ہوا تھا۔ مولانا محمد باقر نے 28 فروری 1837 میں 'دھلی اخبار' کے نام سے ایک اخبار اردو زبان میں نکالا۔ 10 مئی 1840 کو مولانا محمد باقر نے 'دھلی اخبار' کا نام بدل کر 'دھلی اردو اخبار' کر دیا۔ مولانا محمد باقر نے 'مجاہدین جنگِ آزادی' اور 'پہلی جنگِ آزادی' کے نام سے اپنے اخبار کا خصوصی شمارہ 17 مئی 1857 کو شائع کیا۔ اس خصوصی شمارہ کو 'بغاوت نمبر' کے طور پر شائع کیا گیا۔ انگریزوں نے پہلی جنگِ آزادی کی تحریک کو ناکام کرنے کے لیے مجاہدین جنگِ آزادی کے تمام افراد کو قید کر لیا گیا۔ اس کا نتیجہ یہ ہوا کہ مولانا محمد باقر کو 15 ستمبر 1857 کو دوسرے انقلابی نوجوانوں کے ساتھ اردو کے عظیم صحافی اور جنگِ آزادی کے سپہ سالار کو گرفتار کر لیا گیا اور 16 ستمبر 1857 کو دھلی گیٹ کے قریب ایک میدان میں انگریز افسر کیپٹن ہڈسن کے حکم پر بیباک صحافی مولانا محمد باقر کو توپ سے اُڑا دیا گیا۔ اس طرح مولانا محمد باقر ہندوستانی صحافت کے میدان میں شہید ہونے والے عظیم الشان انسان بن گئے۔

1842 میں اردو کا اخبار 'تعلیمی' شائع کلکتہ سے شائع ہوا۔ علاوہ ازیں 1945 میں 'طبی' اور 'آئینہ گیتی نما'، 1846 میں 'احمدی'، 1848 میں 'جامِ جمشید'، 1960 میں 'رفیق الہند'، 1865 میں مٹیا برج سے 'سلطانی'، 1869 میں 'دوربینی' اور 'محمدی' سیالدہ سے، 1905 میں 'المشرق'، 'جادو'، 'شمسِ بنگال'، 1912 میں 'الہلال'، 1914 میں ہی کلکتہ سے 'رفعت'، 'رفاقت' اور 'سفیر' 1915 میں 'ابلاغ' اور 1921 میں 'پیغام' وغیرہ شائع ہوئے اور اردو صحافت کا یہ سلسلہ اب بھی رواں دواں اور جاری و ساری ہے۔

1850 میں پنجاب کے مشہور شہر لاہور سے پہلا اخبار 'کوہِ نور' جاری ہوا۔ اس ہفتہ وار اخبار کے مالک اور مدیر منشی ہر سکھ رائے تھے۔ جن کا تعلق کائستھ خاندان سے تھا اور وہ

اتر پردیش کے سکندر آباد کے رہنے والے تھے۔انگریز ان کے سرپرست تھے اور منشی ہرسکھ رائے کا جھکاؤ انگریزوں کی طرف کچھ زیادہ تھا۔اس کا اندازہ آپ اسی سے لگا سکتے ہیں کہ پنجاب کے بورڈ آف ایڈمنسٹریشن کی سرپرستی میں اس اخبار کی رسم اجرا ہوئی اور انگریزی حکومت کی چھپائی کا بہت سا کام ان کے ذمہ کر دیا گیا۔شروع میں اس اخبار کی 227 کاپیاں شائع ہوتی تھی۔ غارساں دتاسی اپنے خطبہ نمبر 9 میں 5 مئی 1859 کو'کوہِ نور' کی اشاعت کے ضمن میں لکھا ہے کہ:

''کوہِ نور جو لاہور سے ہفتے میں دوبار شائع ہوتا ہے، بدستور جاری ہے اور اب دس جلدوں تک اس کی نوبت پہنچ گئی ہے۔میرے روبرو 17 جنوری 1859 کا پرچہ ہے جو سولہ صفحے کی چھوٹی تقطیع پر دو کالموں میں ہے لیکن اس میں خاص طور پر کوئی بات دلچسپی کی نہیں ہوتی۔''

کوہِ نور کے مدیر منشی ہرسکھ رائے نے اس کے بعد ایک ماہنامہ ''خورشید پنجاب' جنوری 1856 میں شائع کیا۔منشی نول کشور نے لکھنو سے 1858 میں 'اودھ اخبار' جاری کیا۔'روزنامچہ پنجاب' یکم جنوری 1875 میں لاہور سے جاری ہوا۔منشی مہر بخش نے 1884 میں 'شفیق ہند' نے ہفتہ وار اخبار لاہور سے شائع کیا۔اس کے علاوہ پنجاب س لاہور سے 1884 میں 'شام وصال' اور 'نیم صبح'، 1880 میں سیال کوٹ سے 'وکٹوریہ پیپر'، 1893 میں لاہور سے 'اخبارِ عام'، '1897' میں لاہور سے روزانہ اخبار 'پیسہ اخبار'، 1856 اور لاہور سے اردو ماہنامہ 'خورشید پنجاب' سے شائع ہوئے۔اس کے علاوہ پنجاب سے شائع ہونے والے اخبارات میں 'دیپک'، 'دلیش'، 'بندے ماترم'، 'بھارت'، 'بھیشم'، 'ویر بھارت'، 'رہبر'، 'سویرا'، 'ملاپ'، 'سندھ ساگر'، باغباں' 'مخزن'، 'ادبی دنیا'، 'دربار ادب'، 'دلیش درپن' اور 'جاں نثار' وغیرہ کا نام خصوصی طور پر لیا جا سکتا ہے۔علی گڑھ سے 'تہذیب الاخلاق'، آگرے سے 'تیرہویں صدی'، کان پور سے 'امرت'، سہارن پور سے 'پنجاب میل' اور لکھنؤ سے 'اودھ پنچ' اور 'چانکیہ' وغیرہ اخبارات بھی شائع ہوئے۔ان اخبارات نے اردو صحافت کے سنہرے سفر کو آگے بڑھانے میں ایک اہم کردار ادا کیا ہے۔

گنگا جمنی تہذیب کا امین شہر الہ آباد نے بھی ہندوستانی صحافت کے ساتھ ساتھ اردو صحافت کی روایت کو آگے بڑھانے میں ایک اہم کردار ادا کیا ہے۔ ادبی شہر الہ آباد سے بھی بے شمار اردو اخبارات اور رسائل شائع ہوئے ہیں۔الہ آباد سے طبع ہونے والا اردو کا اخبار 1837 میں ماہنامہ 'خیر خواہ ہند' کے نام سے شائع ہوا لیکن خبری صحافت کا باقاعدہ آغاز 'نور الابصار' سے ہوتا ہے۔اس اخبار کو منشی سداسکھ لال نے 1 جنوری 1852 کو شائع کیا تھا۔منشی سداسکھ لال اس سے قبل 'جامِ جہاں نُما' اخبار کلکتہ سے شائع کر چکے تھے۔'نور الابصار' پندرہ روزہ اخبار تھا جو منشی تفضل حسین کی ادارت میں شائع ہوتا تھا۔یہی اخبار ہندی زبان میں 'بدھی پرکاش' کے نام سے شائع ہوتا تھا۔شروعاتی دور میں 'نور الابصار' کے 37 اور 'بدھی پرکاش' کے 15 خریدار تھے۔اس زمانے میں اخباروں کی دو سو کاپیاں حکومت بھی خریدتی تھی۔'نور الابصار' اخبار 1980 تک متواتر شائع ہوتا رہا ہے۔اس اخبار کی مقبولیت اور محبوبیت کا اندازہ آپ اسی سے لگا سکتے ہیں کہ 1872 میں جاری سرکاری رپورٹ کے مطابق اس کا سرکولیشن سب سے زیادہ تھا۔قمر الدین نے 1858 میں 'امین الاخبار' شائع کیا۔یہ اخبار پہلے سینٹرل جیل پریس سے شائع ہوتا تھا۔1877 میں منشی سراج الدین نے ہفت روزہ

اخبار 'قیصر الاخبار ہند' جاری کیا اور 1 نومبر 1877 میں اس اخبار کا روزنامہ ایڈیشن بھی جاری ہوا۔ اس کابر میں خبروں کے ساتھ ساتھ ملک و قوم کی صورت حال پر بھی مضامین شائع ہوتے تھے۔ 6 جنوری 1878 کو حاجی کبیر الحق نے ہفت روزہ اخبار 'احسن الاخبار' شائع کیا۔ ہفت روزہ اخبار 'دبیر ہند' کو مرزا محمد حسین نے 1 مارچ 1877 کو جاری کیا۔ شیخ ریاض الدین نے روزنامچہ 'عالم' 1 اکتوبر 1884 کو جاری کیا۔ ہفت روزہ 'نیر ہند' کو 1 جنوری 1881 کو مولوی عبداللطیف نے نکالا۔ گووند پرشاد نے ہفتہ وار اخبار 'شمیم' 1 جنوری 1882 کو جاری کیا۔ کڑا الہ آباد سے مولوی سید فرید ین خاں نے ہفت روزہ اخبار 'حامئی ہند' جنوری 1883 میں شائع کیا۔ 14 فروری 1885 میں حافظ سید محمد اسماعیل نے 'کڑہ پنچ' کے نام سے ظریفانہ اخبار نکالا۔ فصیح اللہ نے ہفتہ وار اخبار 'فصیح الاخبار' 1 جنوری 1886 کو جاری کیا۔ رائے نجرنگ بلی نے پندرہ روزہ اخبار 'فریاد ہند' کے نام سے مارچ 1895 میں نکالنا شروع کیا۔ منشی حامد حسین نے ہفتہ وار اخبار 'الرشید' 1896 میں جاری کیا۔ 1899 میں ہفت روزہ اخبار 'زبدۃ النظائر' شہر الہ آباد سے شائع ہوا۔ 1859 میں 'گورنمنٹ گزٹ'، 1862 میں 'پولس گزٹ' اور شہر الہ آباد میں ہائی کورٹ قائم ہونے کے بعد 'لا جرنل' بھی شائع ہوئے۔ سوہن لال نے 1864 میں ماہنامہ 'آئینہ عالم' شائع کیا۔ لالہ شمبھو دیال کی ادارت میں ماہنامہ 'نظائر قانون ہند' جنوری 1878 میں شائع ہوا۔ ماہنامہ 'لیگل رفرنسیز' جنوری 1880 میں سید اکبر حسین نے نکالا۔ تیج بہادر سپرو کی ادارت میں شائع ہونے والا ماہنامہ رسالہ 'کشمیر درپن' جنوری 1903 میں شائع ہوا۔ شری دھر پرساد کی ادارت میں کائستھوں کا رسالہ 'کل بھاسکر' 1907 میں جاری ہوا۔ 1887 سے 'کائستھ سماچار' لکھنؤ سے نکلتا تھا جو بعد میں منتقل ہو کر الہ آباد سے شائع ہونے لگا۔ منشی سدن لال کی ادارت میں ماہنامہ رسالہ 'گورکائستھ' 1884 میں منظر عام پر آیا۔ اس رسالے کی خاص بات یہ تھی کہ یہ رسالہ صرف کائستھوں کو ہی ملتا تھا۔ آنند دیو پرساد رانی منڈی محلے سے ماہنامہ 'راست گو' جنوری 1905 میں شائع کیا۔

1907 میں الہ آباد سے نکلنے والا 'سوراجیہ' اخبار ایک ایسا ہفتہ وار اخبار تھا، جس نے ڈھائی سال کے عرصہ میں ہی آٹھ مدیر کے تقرر کیے۔ اس کے مدیران چند مہینے میں ہی بدلتے رہے۔ اس اخبار کے مدیران نے اپنے اداریہ کے ذریعہ انگریزی حکومت کے خلاف آگ کے شعلے برسائے اور غفلت میں سوئے ہوئے ہندوستانی عوام کے دلوں میں آزادی کے جذبہ کو بیدار کیا۔ اس اخبار میں جو بھی مضامین شائع ہوتے تھے ان میں باغیانہ اور انقلابی تیور کی جھلک صاف طور پر دکھائی دیتی تھی۔ جس کی وجہ سے 'سوراجیہ' اخبار کے مدیران کو انگریزی حکومت نے کالا پانی کی سزا سنائی۔ 'سوراجیہ' اخبار سے انگریزی حکومت کے خوف کا اندازہ آپ اس بات سے لگا سکتے ہیں کہ انگریزوں نے 'سوراجیہ' اخبار کے سات مدیران کو کل ملا کر 94 سال اور 9 مہینے کی کالا پانی کی سزا سنائی لیکن اس اخبار کے مدیران ڈگے نہیں۔ اس اخبار کے بانی شانتی نرائن بھٹناگر نے اپنی تمام زمین و جائداد کو فروخت کر کے ہفتہ وار اخبار 'سوراجیہ' نکالنا شروع کیا۔ اس سے قبل وہ لاہور سے شائع ہونے والا اخبار 'ہندوستان' کی ادارت کر چکے تھے۔ 'سوراجیہ' اخبار جاری ہونے کے کچھ عرصہ کے بعد 8 جون 1908 کو بغاوت کے جرم میں ان کو قید کر لیا گیا اور ان کو دو سال کی سزا اور پانچ سو روپیہ جرمانہ کی سزا مقرر ہوئی اور 'سوراجیہ' پریس ضبط کر لیا گیا۔ جرمانہ ادا نہ کرنے کی وجہ سے شانتی نرائن بھٹناگر کی قید کی مدت نو ماہ اور بڑھا دی گئی۔ رام داس 'سوراجیہ' کے مدیر مقرر کیے

گئے لیکن وہ اخبار نہیں چلا پائے۔اس کے بعد موتی لال ورما اس اخبار کے مدیر بنائے گئے۔ان کو دس سال کی سزا ہوئی۔ بابو ہری رام 'سوراجیہ' اخبار کے مدیر مقرر ہوئے۔انھوں نے اس اخبار کے 11 شمارے نکالے اور ان کو انگریزی حکومت نے 21 سال کی سزا سنائی۔اس کے بعد اس اخبار کی ذمہ داری مدیر رام سیوک کو دی گئی۔جب وہ کلکٹر کو اپنا تحریر نامہ دینے گئے تو کلکٹر نے ان کو قید کر لیا۔اس کے بعد نند گوپال چوپڑہ اس انقلابی اخبار کے مدیر بنائے گئے۔انھوں نے اس اخبار کے 12 شمارہ بحسن و خوبی جاری کیے اور انگریزوں نے نند گوپال چوپڑہ کو بھی قید کر لیا اور ان کو تیس سال کی سزا سنائی گئی۔اس کے بعد لدھا رام کپور نے مدیر کا کام بخوبی انجام دیا۔انھوں نے اس 'سوراجیہ' کے تین شمارہ میں تین اداریہ تحریر کیے اور ہر اداریہ پر دس سال کی سزا ہوئی یعنی کل ملا کر لدھا رام کپور کو 30 سال کی سزا سنائی گئی۔لدھا رام کپور کے بعد امیر چند 'سوراجیہ' کے مدیر مقرر ہوئے اور بحسن و خوبی ادارت کا کام انجام دیتے رہے۔ان کو بھی انگریزی حکومت نے ایک سال کی سزا دی۔اس طرح ہم دیکھتے ہیں کہ ملک کو آزاد کرانے کا جذبہ ہندوستانیوں میں عام تھا۔یہی وجہ ہے کہ اس اخبار کے بانی شانتی نرائن بھٹناگر کے جیل جانے کے بعد بھی اس اخبار کے مدیران کے حوصلے پست نہیں ہوئے اور انگریزوں کے ظلم و ستم کے باوجود 'سوراجیہ' اخبار متواتر ڈھائی سال تک نکلتا رہا۔اس اخبار کی ایک خوبی یہ بھی تھی کہ مدیر کے جیل جانے کے بعد ایک اشتہار برابر شائع ہوتا تھا کہ 'سوراجیہ' اخبار کو ایک مدیر کی ضرورت ہے۔جس کی ضروری شرطیں مندرجہ ذیل ہیں:

''ایک جو کی روٹی اور ایک پیالہ پانی۔ یہ شرح تنخواہ ہے جس پر سوراجیہ الہ آباد کے واسطے ایک اڈیٹر مطلوب ہے۔یہ وہ اخبار ہے جس کے دو اڈیٹر بغاوت آمیز مضامین کی جھپٹ میں گرفتار ہو چکے ہیں۔

اب...... ایسا اڈیٹر درکار ہے جو اپنے عیش و آرام پر جیل میں رہ کر جو کی روٹی اور ایک پیالہ پانی کو ترجیح دے۔''(ذوالقرنین، بدایوں، فروری 1909)

1913 میں مولوی نذیر احمد کی ادارت میں ہفتہ وار اخبار 'مساوات' شہر الہ آباد سے جاری ہوا۔واحد یار خاں نے ایک روزنامہ اخبار 'نئی روشنی' کے نام سے 1916 میں شائع کیا۔سید یوسف ہاشمی نے پندرہ روزہ 'جاسوس' دسمبر 1930 میں شائع کیا۔اس کے علاوہ سید انیس الرحمٰن کی ادارت میں 1940 میں 'نئی زندگی' اور 1947 'جہاں نما'، 1937 میں شاہ عالم جنیدی کی ادارت میں 'العزیز'، مولوی حفیظ کی ادارت میں 'خادم'، 1941 میں ولی شاہجہاں پوری نے 'آئینہ'، 1946 میں احمد لطیف نے ہفت روزہ اخبار 'شفق'، 1947 میں اسرار احمد کریوی نے 'ہمارا اخبار' اور 'نیا اخبار' جاری کیا۔اسی طرح 'ہماری آواز'، 'پیغام'، 'روزگار'، ''الاحسان''، ''ہمدرد''، 'کلیم'، 'ظفر'، 'شاہد'، 'برسات'، 'شمیم'، 'نیا دور'، ''سویرا'، 'نوائے ہند'، 'معراج'، ''قائد'، 'سفیر'، 'اپنا دوست'، 'ہماری معراج'، 'اضطراب' اور 'انوار عالم' وغیرہ اخبارات بھی ادبی شہر الہ آباد سے شائع ہو کر منظرِ عام پر آ چکے ہیں۔علاوہ ازیں 'ادیب'، ہندوستانی ''نیساں'' کارواں' 'انیس'، 'فسانہ'، 'نکہت'، 'شب خون'، 'شب رنگ'، 'اندازے'، 'نیا سفر'، 'پہچان'، 'میدانِ عمل' اور 'تخلیقات' وغیرہ رسائل و جرائد بھی شہر الہ آباد سے شائع ہو چکے ہیں جن کی اپنی ادبی، سماجی اور تہذیبی معنویت و اہمیت ہے۔

آر این آئی کی رپورٹ کے مطابق ایک سو زبانوں، بولیوں اور چوبیس قومی زبانوں میں انگریزی کے علاوہ 43 ہزار 828 اخبارات شائع ہو چکے ہیں۔جن کے جلدوں کی تعداد.........................

12 کروڑ 68 لاکھ 49 ہزار 500 تھی۔ رجسٹرار نیوز پیپر کی رپورٹ کے مطابق اب تک مختلف زبانوں کے 82,237 اخبار شائع ہوئے ہیں اور 2013 میں 4853 نئے اخبارات شائع ہوئے ہیں۔ اس طرح ان اخبارات کی تعداد 86,090 ہو جاتی ہے۔ جن کے جلدوں کی تعداد 32 کروڑ 92 لاکھ 4 ہزار 841 ہر روزانہ شائع ہوتے رہے ہیں۔ جن میں 983 اردو اردو اخبارات بھی شامل ہیں۔ جن کی تعداد 2 کرورڑ، 16 لاکھ 39 ہزار 230 ہر روز ہے۔ اردو اخبارات کے شائع ہونے میں پچھلے بیس برسوں میں بہت زیادہ اضافہ ہوا ہے۔ یہ بڑے ہی فخر کی بات ہے کہ عہدِ حاضر میں حیدر آباد سے شائع ہونے والا اخبار 'منصف' پچیس برسوں میں سب سے زیادہ بکنے والا اخبار ہے۔ جس کی تقریباً ساٹھ ہزار جلدیں ہر روز شائع ہوتی ہیں۔

ڈاکٹر آصف لئیق ندوی۔ عربی لیکچرار مولانا آزاد نیشنل اردو یونیورسٹی، حیدرآباد

عصر حاضر میں صحافیوں کا کردار اور فضلاء مدارس کی ذمہ داریاں!

زبان وقلم اور عقل ودماغ قدرت کی عطا کردہ نعمتوں میں سے بڑی نعمت وامانت ہیں، جنکی صحیح پرورش وپرداخت اور نشوونما سے انسانوں کو دیگر مخلوقات پر امتیاز وفوقیت حاصل ہوتی ہے، اگر یہی چیزیں تخریبی کردار کی حامل ہوجائیں اور بجائے تعمیری کردار پیش کرنے کے جھوٹی خبریں اور حقائق وشواہد کو توڑ مروڑ کر یا مسخ کر کے پیش کرنے لگے، زبان وقلم سے صداقت، امانت اور شجاعت کے بجائے برائی، بے حیائی اور خیانت کا کام لیا جانے لگے تو ایسے انسانوں کا شمار انسانیت کی فہرست میں نہیں ہوسکتا خواہ وہ کتنا ہی بڑا صحافی یا اینکر کیوں نہ ہو؟ کیونکہ اس نے وسیع تر قومی اور انسانی مفادات کو نہایت گھٹیا اور رزیل فائدے کی خاطر پامال کرنے اور قوموں کے درمیان صلح وآشتی کے بجائے اخلاقی انارکی اور طبقاتی کشمکش کو فروغ دینے کے جرم کا ارتکاب کیا ہے، صحافت کے اصولوں کو توڑا ہے، اجتماعی اقدار کو روندا ہے، اور انسانیت کی خیر خواہی کے بجائے فساد وبگاڑ پیدا کرنے کا کام کیا ہے، اسلئے اب اسکا شمار اشرف المخلوقات کے بجائے اسفل السافلین اور انسانوں کے بجائے جانوروں بلکہ اس سے بھی کمتر درجہ میں ہوگا، خواہ وہ شکل وصورت کے اعتبار سے چلتا پھرتا انسان یا جرنلزم ہی کیوں نہ نظر آئے!! تخریب کاروں کا شمار قوم وملک اور سماج ومعاشرہ کے درمیان ناسور وکلنک کی فہرست میں ہوگا! تاریخ انسانی ایسے بزدلوں اور ضمیر فروشوں کو کبھی معاف نہیں کرسکتی! جس کے پاس نہ تو انسانیت کے تئیں کوئی ہمدردی ہے! اور نہ اسکی صحیح رہنمائی ونمائندگی کا کوئی پاس ولحاظ ـــــ جس نے چند کوڑیوں میں اپنی غیرت وحمیت اور زبان وضمیر کو فروخت کرڈالا ہے!! ایسے ضمیر فروشوں کی نازیبا حرکتوں سے قوم وملک کا کل بھی نقصان ہوا تھا اور آج بھی خسارہ ہورہا ہے، کیونکہ صحافت جمہوریت کا وہ چوتھا ستون ہے، جسکا مقصد بہت اعلی وارفع ہے، باقی تینوں ستونوں یعنی عدلیہ، مقننہ اور انتظامیہ بہت اہم ہیں، جو کسی بھی جمہوری ملک کے لئے ریڑھ کی ہڈی کی مانند ہیں، ان میں سے کوئی بھی ستون کو اگر ہمارے برے سلوک وبرتاؤ سے کمزور کیا جائے تو اس سے نہ صرف جمہوریت کی عمارت کمزور ہوگی بلکہ ملک فساد وبگاڑ کی آماجگاہ بن جائے گا۔ کیونکہ جسطرح جمہوری اقدار کی استواری میں صحافت ومیڈیا کا اہم رول ہوتا ہے۔ اسی طرح کامل انسان وصحافی بننے کیلئے افکار وخیالات اور احساسات وجذبات کا صالح ہونا اور صالح مقاصد کیلئے صرف ہونا لازمی شی ہے، ورنہ وہ معاشرہ میں ایک بیمار شخص اور مریض صحافی ہی کہلانے کا مستحق ہوگا؟! جب تک کہ وہ اپنے دل، آنکھ اور کان کا صحیح استعمال کرنے والا نہ بن جائے۔ بقول قرآن: لھم قلوب لا یفقھون بھا ولھم أعین لا یبصرون بھا ولھم آذان لا یسمعون بھا، أولئک کالانعام بل ھم أضل۔

کیونکہ صرف زبان وادب اور فصاحت وبلاغت کے جوہر سے متصف ہوجانا اور چکنی چپڑی باتوں سے موہ لینا انکی افضلیت وبرتری ہونے کے لئے کافی نہیں! جب تک ان کی باتوں اور خبروں سے ہمدردی وبھلائی نہ پھیلے، علم وحکمت اور شرافت نہ ٹپکے، انسانیت کیلئے نفع بخش نہ بن جائے اور کسی کیلئے بھی ضرر رساں نہ ثابت ہو، اسی کے ساتھ وہ اپنے خالق ومالک کی معرفت رکھے اور اس کا ہر حکم بجالائے، زمین میں

فساد و بگاڑ کا ہرگز کوئی راستہ ہموار نہ کرے، ایسے لوگوں کو ہمدرد انسانیت، خیر خواہ قوم وملک اور صحافت و ذرائع ابلاغ کا سچا پیامبر اور امین و دیانت دار صحافی و جرنلسٹ سے موسوم کریں گے۔ سماج ومعاشرہ کو مختلف برائیوں اور خامیوں سے نجات دلانے، ناپ تول میں گڑبڑی سے روکنے، بندوں کی غلامی سے آزاد کرانے، انسانیت کی صحیح رہنمائی کرنے اور خالق ومخلوق کا رشتہ مستحکم کرنے کے عظیم الشان مناصب وذمہ داریوں کیساتھ مختلف وقتوں میں ہزاروں انبیاء کرام اور رسولوں کا سلسلہ جاری کیا گیا اور آسمانی کتابوں کے ذریعے خالق ومخلوق کے درمیان ابلاغ وترسیل کا خدائی نظام قائم کیا گیا تاکہ انسانیت کو صحیح رہنمائی حاصل ہو، قوم وملک کو بھلائی حاصل ہو، مخلوق خدا کو معاشی، اخلاقی اور ایمانی ترقی حاصل ہو، فساد وبگاڑ کا خاتمہ ہو اور عدل وانصاف کا متوازن ومعتدل نظام قائم ہو، تمام انبیاء نے اپنی اپنی قوموں کو وہ پیغام پہونچادیا، وحی کے ذریعے ابلاغ وترسیل کا یہ ربانی سلسلہ بھی نبی آخرالزماں پر مکمل کردیا گیا، خدا کا شکر ہے کہ بہترین وخوشگوار زندگی گزارنے کے واسطے وہ تمام ضروری چیزیں ہمارے درمیان اب تک بعینہ موجود ہیں، صرف نبی کی ذات وشخصیت روپوش ہے، نبی خاتم کی مکمل سیرت، صحابہ اور اولیاء کے نقوش، حق پرست علما وصلحا کا صالح کردار، قرآن جیسا دستور حیات، حضور کے تمام ارشادات وفرمودات بعینہ دستیاب ہیں، غرض کی مخلوقات کی بھلائی وکامیابی کی وہ تمام چیزیں بشمول اقدار واخلاق موجود ہیں مگر انسانوں کو انکے ہاتھوں کے کرتوتوں، مظالم وجرائم اور جہالت وسفاہت کے رویوں نے ان کو انسانیت کے اسباق پڑھ کر نصیحت حاصل کرنے سے روک رکھا ہے! اسی لئے وہ نعمتوں کی ناقدری اور امانتوں میں خیانت کا ارتکاب کررہا ہے، قرآن کا فرمان بالکل درست ہے: جسکا مفہوم ہے "بیشک ہم نے آسمانوں، زمین اور پہاڑوں پر امانت پیش کی تو انہوں نے اس کے اٹھانے سے انکار کیا اور اس سے ڈر گئے اور انسان نے اس امانت کو اٹھالیا، بیشک وہ زیادتی کرنے والا، بڑا نادان ہے"۔ آج ہمارے عمل اور رویے سے اس بڑی امانت ودیانت کیساتھ جو خیانت وکوتاہی ہورہی ہے۔ وہ اسی کردار کی جھلک اور تصویر ہے جو صحافت اور ذرائع ابلاغ کے میدان میں یہاں وہاں نظر آرہی ہے۔

انسان کے جسم میں دو چیزیں ایسی ہیں جن پر کنٹرول سے اسکی شخصیت نکھرتی ہے اور بے احتیاطی سے مجروح ہوتی ہے، پہلی چیز اس کی زبان دوسرا اس کا دل ہے، باقی تو وہ گوشت پوست کا مجموعہ ہے، اسی بات کو جاہلی دور کے بڑے شاعر زہیر بن ابی سلمی نے صاف صاف بتادیا ہے۔ لِسَانُ الْفَتَى نِصْفٌ وَنِصْفٌ فُؤَادُهُ..... فَلَمْ يَبْقَ إِلَّا صُورَةُ اللَّحْمِ وَالدَّمِ. یہ حقیقت بھی ہے کہ کسی انسان کی صحیح پہچان اسکے ساتھ دوستی یا اسکی زبان وبیان، اس کی فکر ونظر اور اسکے دل ودماغ کی زہریلی حرکتوں یا اسکی صحیح ترجمانی سے ہوتی ہے، صحافت، پرنٹ میڈیا، الیکٹرانک میڈیا، ویب میڈیا، سائبر میڈیا، سوشل میڈیا یعنی ذرائع ابلاغ وترسیل کے ماڈرن طریقے ہیں جو اسی زبان ودل کی صحیح یا غلط ترجمانی، حقائق کی من وعن یا الٹی تصویر کشی کی شہادت دیتی ہے، افسوس کہ موجودہ دور میں انسانیت کی خیرخواہی کی صحیح نمائندگی کرنے والے میڈیا کے اہل کار بھی دل میں بغض، حسد، کینہ رکھ کر اپنی زبان ومنہ سے ایسی منافقت ظاہر کررہے ہیں کہ جس سے ترقی یافتہ دور اور میڈیا کی تمامتر سہولیات کی ایک طرف بڑی بدنامی بھی ہورہی ہے اور دوسری طرف یکجہتی و یگانگت پیدا ہونے کے بجائے بڑا فساد برپا ہونے کا خطرہ لاحق ہوگیا ہے، حالانکہ قدیم زمانے میں یہی کام ذرائع و وسائل کے فقدان کے باوجود قدرتی اور فطری

طریقوں پر رائج تھا اور درست طریقے پر سب کام انجام پا رہا تھا، کبھی تابوت سکینہ اور اسمیں بند تمام انبیاء کرام اور انکے مکانات کی قدرتی تصویریں، تختیاں اور اس صندوق کے بابرکت نظارے وکرشمے کے ذریعے ہوتا تھا، ہدایت ورہنمائی کے واسطے آسمانی صحیفوں اور کتابوں کا انبیاء پر نزول ہوتا رہا، جس میں دنیائے انسانیت کیلئے سماجی، ملی، اخلاقی، ایمانی، انسانی اور اجتماعی رہنمائی وبھلائی کا پورا نظام رہتا تھا، جس میں کسی مکر وفریب کی کوئی گنجائش نہیں ہوتی تھی۔ مگر آج تمام ترقیوں کے باوجود صحافت و ذرائع ابلاغ کا پورا نظام قابل افسوس ہی نہیں بلکہ ماتم ونوحہ گری کی حد پہونچ گیا ہے۔ بقول غالب: حیراں ہوں دل کو روؤں کہ پیٹوں جگر کو میں ــــ

ذرائع ابلاغ وترسیل کا یہ سلسلہ جب خطوط نویسی کے ذریعے رائج رہا تو کبھی پیغام رسانی کے کاموں میں بگاڑ پیدا نہیں ہوا، حتی کہ جانوروں اور پرندوں نے بھی اس فریضہ کی ادائیگی میں کوئی کوتاہی ولاپرواہی نہیں کی، مگر آج کا انسان تو کوتاہی و لاپرواہی تو درکنار نفرت وعداوت کی بیج بونے میں شیطانوں کو بھی مات دے دیا ہے، غرض کہ ابلاغ وترسیل کا نظام قیام کائنات سے لے کر اب تک قائم ہے، پہلے زمانے میں بالکل خالص اور پاک وصاف تھا، مگر اب اسکا دائرہ جتنا وسیع ہوا ہے اتنا ہی اسمیں فساد وبگاڑ اور گراوٹ وملاوٹ پیدا ہوگئی ہے، گودی میڈیا کیساتھ ساتھ سوشل میڈیا نے بھی ہر طرف افواہوں اور جھوٹی خبروں کو پھیلا پھیلا کر صحافت کے اصولوں کی دھجیاں اڑا کرر کھ دیا ہے، قوم وملک کیلئے امن وامان پیدا کرنے کے بجائے نئے نئے مسائل ومشکلات کا دروازہ کھول دیا ہے، اربابِ اقتدار وعدلیہ کیلئے اب یہ مسئلہ بڑا سر درد بنتا جا رہا ہے، جس پر اگر اور ابھی مکمل کنٹرول حاصل نہیں کیا گیا! اور جھوٹوں کے بازاروں کو بند نہیں کرایا گیا تو کل اس پر کنٹرول پانا بہت مشکل امر بن جائے گا۔ کیونکہ کسی بھی ملک اور اسکے ترقیاتی نظام کی کامیابی کا انحصار معاشی واقتصادی، سیاسی وسماجی اور اخلاقی ومعاشرتی اور تعلیمی وتربیتی نظام پر منحصر ہے، مگر یہاں تو ہر میدان میں گراوٹ وملاوٹ پیدا ہوگئی ہے کہ جس کی کوئی حد نہیں!

ہمارے ملک کی یہ بہت ہی تشویشناک اور اندوہناک صورتحال ہے کہ انسانی فلاح وبہبود اور عدل وانصاف کے نظام کو فروغ وترویج دینے اور حقائق وشواہد کی روشنی میں قوم وملک کی صحیح رہنمائی کرنے اور حقیقت وسچائی سے واقف کرانے والے صحافتی اور ترسیلی اداروں کو سیاسی شعبدہ بازوں، فرقہ پرستوں اور ملک دشمن عناصر نے اپنے اپنے مفادات کے حصول کے لیے معمولی پیسوں میں خرید رکھا ہے اور خود انحصار ہندوستان کا نعرہ بلند کررہے ہیں! جمہوریت کے اہم ستونوں کو جوریڑھ کی ہڈی کی مانند ہے ان کو بھی اب گھن کھاتے جا رہا ہے اور طاقتور اور سپر پاور ہندوستان کا خواب دکھا رہے ہیں! میڈیا جس کا مشن ملک میں امن وامان کو بحال رکھنا، انتشار وافتراق کے مذموم ومسموم لعنت سے قوم وملک کو بچانا، یکجہتی ویگانگت، اخوت ومودت اور بھائی چارے کی فضا کو خوب فروغ دینا تھا اب اسکی بھی بنیادیں ہل کر رہ گئی ہیں اور اینکروں، صحافیوں اور رپورٹروں کے رویوں اور انکے مشکوک کردار سے ملک کمزور پر کمزور ہوتا جا رہا ہے، دل میں نفرت و عداوت کی آگ پوشیدہ ہے اور زبان پر سب کا ساتھ سب کا وکاس اور سب کا وشواش کا نعرہ ہے، ایسا لگتا ہے کہ صحافت کے ان اہل کاروں کی تھیوری اور پریکٹیکل میں جو کمی واقع ہوئی تھی اس کی یہاں کھلی بے وقوفی جھلک رہی ہے، اسی لئے آنکھ میں دھول جھونکنے کیوجہ سے اسکو گودی میڈیا یا لیپ ڈاگ میڈیا کا حقارت آمیز لیبل یا خطاب سے نوازا گیا ہے؟!

صحافت ومیڈیا کے میدان میں پیسوں کے بل بوتے

اور ارباب اقتدار کی خواہش ومرضی پر یہ ساری بے اصولیوں اور بے اعتدالیوں کا ارتکاب کیا جارہا ہے، جس کیوجہ سے ملک میں امن وامان، اتحادواتفاق عدل وانصاف اور انسانی اقدار کا توازن بگڑ کررہ گیا ہے اور نفرت وعداوت کی فضا سے ملک کو بڑا خطرہ لاحق ہوگیا ہے! جیسی نیت ویسی برکت کے نتیجے میں ملک میں مہنگائی پرمہنگائی بڑھتی ہی جارہی ہے! اقتصادی ومعاشی بدحالی اور بے روزگاری میں روز بروز کمی کے بجائے اضافہ ہی ہوتا جارہا ہے! یہ سب پیسوں کی خاطر معدہ وپیٹ کوتسکین دینے اور انسانیت پر ظلم وستم ڈھانے کا نتیجہ ہے، افسوس کہ میڈیا کی تمام اقسام، اینکروں اور صحافیوں کا رول اتنی خطرناک حد تک پہنچ گیا ہے! اور نفرت وعداوت کی ہوا نے صدیوں سے قائم اخوت ومودت کی فضا کو اسقدر مکدر کردیا ہے کہ مسلمانوں کے ہزاروں کارنامے اور قربانیوں کے باوجود برادران وطن کی نظروں سے انکے کارنامے اوجھل ہوتے جارہے ہیں! دستور میں آزادی ورواداری کی شقوں کے باوجودان کے مذہب وشعائر کا احترام بھی باقی نہیں بچا ہے! روز بروز مظلوم مسلمانوں کی حقوق تلفیاں بڑھتی جارہی ہیں، ان کی جان، مال اور عزت وآبرو کو نیلام کرنا اب کوئی مشکل کام نہیں رہ گیا ہے، ظالموں اور بدخواہوں کی مدد واعانت کی جارہی ہے، حقائق وشواہد کو بالائے طاق رکھتے ہوئے مسلمانوں کے خلاف ملک میں جو پروپیگنڈے اور سازشیں اور حربے اختیار کیے جارہے ہیں، وہ زرد اور بکاؤ صحافت، اسکی گرما گرم ڈبیٹ اور اسمیں شریک زرخرید غلاموں اور صحافیوں کا منافقانہ اور متعصبانہ کردار نہیں تو اور کیا ہے؟!

اب تو مسلم حکمرانوں کے نام پر الزام تراشی اور بہتان طرازی کے ذریعے مسلم قوم کو ٹارگٹ کرنا اور ان سے لوگوں کو بدظن وبدگمان بنانا، ان کی بڑھتی آبادی سے ڈر اور خوف پیدا کروانا، اور ان کے خلاف نفرت وعداوت کی فضا کو قائم کروانا ہے تاکہ اس طرح سے فرقہ پرستوں کو انکے مفادات حاصل ہوسکیں، تخریبی کاموں میں انکو کامیابی مل سکے، ملک کو ہندو راشٹر میں تبدیل کیا جاسکے! یکساں سول کوڈ کا نفاذ عمل میں آسکے اور مسلمانوں کو دوہرے معیار کے شہری کی فہرست میں شامل کیا جاسکے۔ مسلم مخالف تمام کاموں میں زرد صحافت کا کردار پوشیدہ ہے، اسی لیے بات بات میں مسلمانوں کو تو گرفتار کیا جارہا ہے، ان کے خلاف تمام دفعات کا نفاذ تو ہورہا ہے، مگر کوئی مسلمانوں کے مقتدر ومعزز شخصیت کے خلاف نازیبا اور گستاخانہ بیان دے تو ہزار مطالبے اور دستوری احتجاج کے باوجود اصل مجرم کی گرفتاری عمل میں نہ آسکے، ظلم کے خلاف دستوری طریقے سے صدائے احتجاج بلند کرنے والوں پر گولیاں برسائی جائیں! مسلمانوں کی ہی گرفتاریاں عمل میں آئیں! بلڈوزر سے ان کے گھروں کوڈھادیا جائے! جانبدارانہ ظلم وزیادتی کی ایسی انتہا کردی جائے! کہ سپریم کورٹ کا اگر کوئی فاضل جج ملک میں ہورہے مظالم کا جائزہ یا نوٹ لے یا ملک کی تازہ صورتحال پر اپنا حقیقت پسندانہ بیان جاری کرے تو ان کے خلاف بھی میڈیا میں ہرزہ سرائی شروع ہوجائے! نپور شرما کا مسلمانوں کی مقتدر شخصیت اور نبی آخر الزمان کی شان میں گستاخانہ بیان کیوجہ سے اندرون وبیرون ملک میں جو حالات پیدا ہوئے اور اس سلسلے میں میڈیا، مقننہ اور انتظامیہ کا جو کردار اور رول رہا، سب قابل غور وفکر اور تشویشناک ہے؟!

اندازہ لگائیے! کہ ہمارا ملک کہاں پہنچ گیا ہے کہ فاضل جج کو بھی حق بات پیش کرنے کیوجہ سے بیجا تنقیدوں اور اہانت آمیز رویوں کا سامنا کرنا پڑرہا ہے، تو مظلوم ونہتے مسلمانوں اور ان کے بہی خواہوں کے ساتھ کیا معاملہ ہوتا ہوگا!! ایسے متعصبانہ رویے اور ظالمانہ سلوک وبرتاؤ کا ماحول آخر کیسے اور کیوں کر پیدا ہوا؟! یہ سب میڈیا کی غلط بیانی اور غلط ترجمانی

کا نتیجہ ہے، اگر زبان وقلم اور ذہن ودماغ کو ان خطوط ونقوش پر ڈھالا نہیں گیا! جن کا مطالبہ اچھی صحافت ومیڈیا کا کردار کرتا ہے، انبیاء کی سیرت اور آسمانی کتابوں کا پیغام کرتا ہے، صحابہ اور اولیاء اللہ کی سیرت وسوانح کرتی ہے اور علماء وصلحاء کی زندگی کرتی ہے اور سب سے بڑھ کر ہمارے ملک کا جمہوری آئین و دستور کرتا ہے۔۔۔ آج ملک میں صحافت ومیڈیا اپنے ان اہم مقاصد سے ہٹتا نظر آرہا ہے، جن سے ایک اچھے صحافی ورپورٹر کے کردار کی شناخت ہوتی ہے۔ درست خبریں بہم پہنچانا، عوام کی سیاسی تربیت کرنا اور انسانیت کی اجتماعی واخلاقی رہنمائی کرنا، قارئین کرام کے ذوقِ سلیم اور اخلاق کریمانہ کو نکھارنا اور عام لوگوں کی تفریح طبع کے لئے عمدہ مواد فراہم کرنا ہی ایک اچھے صحافی کا بہترین کردار ہوتا ہے اور یہی ہونا بھی چاہئے۔ آج بھی عوام وخواص میں وہی صحافی اور اخبارات زیادہ مقبول ومعروف ہیں جنکی باتوں اور کوششوں میں زیادہ سچائی ودیانت داری، جن کی رپورٹنگ میں حقائق کی عمدہ تصویر کشی ہوتی ہے، جو معاشرہ وسماج میں محبت والفت کی بیج بوتے ہوئے صحیح خبریں بہم پہنچاتے ہیں، کیونکہ اس عمل میں عام لوگوں کی اچھی تربیت بھی ہوسکتی ہے اور بری تربیت بھی، ان کا ذوق بلند وبالا بھی ہوسکتا ہے یا پست ورذیل بھی۔ ان کا اخلاق سنوارا بھی جاسکتا ہے یا بگاڑا بھی، اخبارات کا بنیادی کام اپنے قارئین کو درست اطلاع بہم پہنچانا اور پوری دنیا کے احوال سے انہیں باخبر رکھنا ہے، دنیا کے جس حصے میں بھی کوئی واقعات ظہور پذیر ہورہے ہوں، وہاں کی تبدیلیوں اور مختلف شعبوں میں جو جو ترقیات ہورہی ہوں، ان سب چیزوں سے عوام و قارئین کو واقف کرانا۔

موجودہ دور مسلمانوں کے لئے بڑے بڑے چیلنجز رکھتا ہے، پھر بھی مسلمان قوم تعلیم وتربیت میں کافی پیچھے ہوگئے ہیں، اسی طرح صحافت کے میدان میں بھی ان سے نبیوں کے کردار کی بھرپور نمائندگی کا مطالبہ ہے، حیف صد حیف کہ مسلمانوں کے پاس اپنا کوئی معقول "میڈیا ہاؤس" بھی نہیں ہے، یہ المیہ صرف کسی ایک مخصوص خطے، علاقے یا ملک تک ہی محدود نہیں بلکہ پورے عالم اسلام کی یہی صورتحال ہے، البتہ کچھ اخبارات یا ٹی وی چینلز ہیں، جسے ہم آٹے میں نمک کے برابر ہی کہہ سکتے ہیں۔ اسی طرح مسلمانوں کے پاس قابل اعتماد اور باشعور صحافیوں کی کوئی ٹیم بھی نہیں ہے، جن کی آواز مغرب سے مشرق اور شمال سے جنوب تک گونجے اور مؤثر انداز میں سنی وتسلیم کی جائے۔ جو حضرات وخواتین بھی اس میدان میں ہیں، ان میں سے اکثر کے لیے یہ صحافت کوئی مشن اور خدمت کا درجہ نہیں رکھتی! بلکہ وہ محض ایک پیشہ کے طور پر اس سے جڑے ہوئے ہیں۔ اگر کوئی صحافی ہمت وجرأت کیساتھ اپنے سماج اور قوم وملت کے مفاد میں حق کی ترجمانی کرنا چاہتا ہے تو ان کو میڈیا ہاؤس کی پالیسیاں خاموش کردیتی ہیں یا وہ کسی بہانے میں گرفتار کر لئے جارہے ہیں جیسا کہ ابھی محمد زبیر، شرجیل امام اور دیگر نوجوانوں کیساتھ پیش آیا ہے۔

یہ ہماری بہت بڑی بدقسمتی ہے کہ علماء کرام اور دینی مدارس کے فضلاء جو انبیاء کے سچے وارث اور پکے امین ہیں، جن کے کاندھوں پر انسانیت کی فلاح وبہبود اور خیرخواہی کی ذمہ داریاں عائد ہیں، جن کے وجود کا بنیادی مقصد ہی انسانیت کی خیرخواہی اور جبر واستبداد کے پنجے سے آزاد کرانا ہے، عدل وانصاف کی فضا قائم کرنا ہے، سماج ومعاشرے کو امن وامان کا گہوارہ بنانا ہے، وہ فضلاء قوم وملک میں صحافت کیلئے صحیح ترجمانی سے قاصر ہیں۔ طالبان علوم نبوت کو سمجھنا چاہیے کہ اس دور میں مسلمانوں کیلئے سب سے بڑا چیلنج بگڑتا میڈیا اور جھوٹی خبریں پھیلانا ہے، انسانیت کی بدقسمتی یہ

ہے کہ میڈیا کا مؤثر ترین اور طاقتور ہتھیار ان لوگوں کے ہاتھ میں ہے، جن کے پاس نہ ہی انسانیت کی ہمدردی ہے اور نہ کسی کے خون پر تڑپنے والا دل ارجمند! نہ انسانیت کی فلاح و بہبودی اور تعمیر و ترقی کا کوئی منصوبہ و پلاننگ ہے! اور نہ بے روزگاری و بھکمری دور کرنے کا کوئی تجربہ! پھر بھی میڈیا کی طاقت وقوت کو تعمیر ملت کے بجائے تخریب کاری، اخلاق و کردار کو سنوارنے کے بجائے بے حیائی و بد اخلاقی کو فروغ دینے اور انسانوں کی رہنمائی کے بجائے انہیں راہ حق سے گمراہ اور الحاد و بے دینی عام کرنے کے لیے استعمال کیا جارہا ہے؟!

ایسے میں فضلاء مدارس اور طالبان علوم نبوت کی ذمہ داریاں دو چند ہو جاتی ہیں۔ قوم و ملت کی خدمت کے جذبے کے ساتھ اگر وہ میڈیا یا صحافت کو بطور مشن یا پیشہ اختیار کر لیتے ہیں تو اس کے بہت سارے فوائد نمودار ہونگے۔ سب سے بڑا فائدہ تو یہ ہوگا کہ پریشان حال انسانیت کو سچے اور دیانت دار افراد و فضلاء مل جائیں گے جن کے دلوں میں خدا کا خوف ہوگا، جو بااخلاق و باکردار اور نبی کے سچے پیروکار ہونگے اور ان کی سیرت کے حامل بن کر صحافت کو جھوٹ و فریب کے پلندہ سے نکال کر صحیح رخ پر گامزن کریں گے۔ دوسرا بڑا فائدہ یہ حاصل ہوگا کہ دعوت و تبلیغ کو بھی ایک وسیع میدان اور طالبان علوم نبوت کی رہنمائی حاصل ہو جائیگی۔ جہاں سے انہیں قومی زبان و ادب میں دین کا خالص پیغام پہنچانے کا بھرپور موقع مل جائے گا۔ اس کا ایک اور فائدہ یہ بھی ہوگا کہ زہریلے میڈیا کے ذریعہ برادران وطن اور مسلمانوں کے درمیان جو خلیج پیدا کی جارہی ہے، اس کو یکجہتی و یگانگت اور اخوت و مودت کی لڑیوں میں پروسکیں گے۔ تیسرا بڑا فائدہ یہ ہوگا کہ دینی مدارس کے فارغین کیلئے اسوقت معاش کا مسئلہ سب سے بڑا مسئلہ بنا ہوا ہے، اس اسٹیج سے ان کی صلاحیت و قابلیت کے حساب سے معیشت کا مسئلہ بھی حل ہو جائے گا۔ نیک جذبے اور خلوص نیت کے ساتھ اس پیشے کو اختیار کیا جانا قوم و ملک کیلئے نہایت ضروری ہے اور انسانیت کیلئے بھی بہت بڑی خیر خواہی ہوگی اور رزق میں کشادگی کے بھی ذرائع مہیا ہو جائیں گے۔

سازش و پروپیگنڈے کے اس دور میں دینی مدارس کے فضلاء کیلئے بہت ضروری ہے کہ وہ اپنے شوق و دلچسپی کا مظاہرہ کریں اور یونیورسیٹیوں میں جرنلزم کے شعبے سے جڑ کر اس میدان میں قابلیت پیدا کریں اور اپنی صلاحیتوں اور کوششوں سے صحافت کے مختلف میدان میں ایک انقلاب برپا کردیں، اگر کسی فاضل و فعال نوجوان طالب علم کے پاس لکھنے کی صلاحیت ہے اور وہ اچھے مقالات و مضامین، شعر و شاعری اور واقعات و کہانیاں لکھ سکتے ہیں تو اس کے لئے پرنٹ میڈیا کا میدان بہت وسیع و عریض ہے۔ اخبارات کے مختلف کالموں میں وہ لکھ سکتے ہیں، سیاسی و مذہبی، علمی و ادبی، تجارتی و سائنسی، فنون لطیفہ و فیشن اور کھیل کود وغیرہ میں اپنی قسمت آزمائی کرسکتے ہیں۔ دینی و مذہبی رجحانات کے بہت اخبارات و رسائل موجود ہیں، ان میں مذہبی و ثقافتی مضامین، اسلامی تاریخ، دینی مسائل، بچوں کے ادب میں اسلامی کہانیاں اور خواتین سے متعلق مضامین، مستند اور دلکش طرز تحریر میں پیش کرسکتے ہیں، اسی طرح عربی صحافت سے استفادہ کرتے ہوئے کسی بھی طرح کے مضامین مختلف زبانوں میں ترجمے کرکے اپنی انفرادیت قائم کرسکتے ہیں، اس سلسلے میں اگر طالبان علوم نبوت کا شعور و احساس بیدار نہ ہوا اور اس فتنے کا مقابلہ کرنے کیلئے وہ تیار نہ ہوئے اور سماجی و سیاسی، اخلاقی و ایمانی اور انسانی و اجتماعی خدمات کا بیڑہ نہ اٹھایا تو بہت ممکن ہے اس غفلت کے نتیجے میں ملک میں ایک بڑا فساد برپا ہو جائے گا اور پورا نظام درہم برہم ہو کر رہ جائیگا۔۔۔ لاقدر اللہ لذلک۔۔۔ اللہ ہماری ہر طرح سے مدد فرمائے۔

ڈاکٹر سید اسرارالحق سبیلی۔ اسسٹنٹ پروفیسر، گورنمنٹ ڈگری کالج تانڈور، ضلع وقار آباد، تلنگانہ

آزادی کی جنگ میں اردو صحافت کا حصہ

آزادیٔ ہند کی جنگ تقریباً نوے سال رہی ہے، جنگ کے اس پورے عرصہ میں اردو صحافت وادب کا کردار بہت اہم رہا ہے، ہمارے ادیب، صحافی اور شاعر نے صرف گل وبلبل کی داستانیں ہی نہیں سنائی ہیں بلکہ انہوں نے انگریزی حکومت کے مکروفریب کو سمجھا، ملک وقوم کو انگریزوں کے ظلم واستحصال سے باخبر کرتے رہے اور اپنی قوم کو انگریزوں کے خلاف آزادی کی خاطر ابھارتے رہے۔ چنانچہ ۱۸۵۷ء کی معرکہ خیز جنگ آزادی پر گورنر لارڈ کیننگ نے اپنے نوٹ میں لکھا تھا کہ

"دیسی اخبارات نے خبریں شائع کرنے کی آڑ میں ہندوستانی باشندوں میں دلیرانہ حد تک بغاوت کے جذبات پیدا کردیے ہیں"۔

واضح رہے کہ اردو کا پہلا اخبار مولوی محمد باقر نے نکالا، جو خود مجاہد آزادی تھے، وہ انگریزی پولیس کی زیادتیوں اور چیرہ دستیوں کو اپنے اخبار "دہلی اردو اخبار" کے ذریعہ بے نقاب کیا کرتے تھے، جس کی وجہ سے انگریزوں نے ان کو گولی مار کر ہلاک کردیا۔ اسی طرح اس زمانہ کے اخباروں میں صادق الاخبار وگلشن نوبہار (کلکتہ) بہت مشہور ومقبول انقلابی اخبار تھے۔ ان اخباروں میں خبریں بظاہر غیر سیاسی ہوتی تھیں، لیکن انداز بیاں اور مواد کی گہرائی میں غم وغصہ کا ایک دبا ہوا طوفان ہوتا تھا جو قارئین کے دل ودماغ میں سرایت کر جاتا تھا۔

انگریزوں نے اردو صحافت کا گلا گھونٹنے کی بہت کوشش کی، چنانچہ ہسٹری آف انڈین جرنلزم میں بتایا گیا ہے کہ ۱۸۵۳ء کی سرکاری فہرست میں اردو اخبارات کی تعداد ۳۵ تھی اور ۱۸۵۸ء کی فہرست میں گھٹ کر صرف بارہ رہ گئی تھی۔ اسی انیسویں صدی کے اخیر کے اخبار وجرائد میں تاریخ اخبارِ ہند (آگرہ) خیر خواہِ خلق (اجمیر) علی گڑھ انسٹی ٹیوٹ گزٹ، اودھ پنچ (لکھنؤ) اور سفینۂ ہند (میرٹھ) وغیرہ نے تحریک آزادی میں نمایاں رول ادا کیا ہے۔

بیسوی صدی کی ابتدا سے آزادیٔ ہند تک تو کافی کامیابی وبے باکی کے ساتھ اردو صحافت نے تحریک آزادی میں حصہ لیا۔ چنانچہ ۱۹۰۳ء میں مولانا حسرت موہانیؒ نے "اردوئے معلّی" جاری کیا، جس کا اعلانیہ مقصد یہ تھا کہ لوگوں کو قومی سیاست میں تعمیری دلچسپی کے لیے تیار کیا جائے۔ انہوں نے مجاہدانہ اعلان کیا کہ قومی سیاست کا مقصد کامل آزادی ہے اور اس کے لیے جدوجہد کرنا ہر ہندوستانی کا فرض ہے۔ حسرت ایک بے باک صحافی ہونے کے ساتھ ساتھ ایک مخلص مجاہد آزادی بھی تھے اور اس کی خاطر انہوں نے قیدوبند کی دشوار ترین صعوبتیں بھی قبول کیں۔

۱۹۰۷ء میں ہفت روزہ "آفتاب" کے ایڈیٹر سید حیدر رضا دہلوی نے اپنی شعلہ بار تحریروں اور تقریروں سے دہلی کی صحافتی اور سیاسی زندگی میں بڑا معرکہ قائم کیا۔ مولانا ظفر علی خاں جو اپنے والد سراج الدین احمد کی وفات کے بعد "زمین دار" کے ایڈیٹر ہوئے، مجاہدانہ جذبہ اور حوصلہ سے سرشار تھے، وہ تحریر وتقریر دونوں کے دھنی تھے اور شعری صلاحیت کی بدولت انہوں نے سیاسی نظم کو اردو صحافت کا امتیازی عنصر بنادیا، زمین دار کی معرکہ خیز خبروں اور ولولہ انگیز نظموں نے

اردو صحافت کی تاثیر اور شہرت میں بے پناہ اضافہ کیا اور یہ صحافت برطانیہ مخالف جذبات کا طوفان بن گئی، حکومت نے اس صحافت کے سالار مولوی ظفر علی خاں سے پے در پے ضمانتیں طلب کیں، یہاں تک کہ ان کو کریم آباد میں نظر بند کر دیا۔

جولائی ۱۹۱۲ء میں مولانا محی الدین ابوالکلام آزادؒ نے کلکتہ سے ''الہلال'' جاری کیا، جو نومبر ۱۹۱۴ء تک جاری رہ سکا، اس کے بعد مولانا آزاد نے نومبر ۱۹۱۵ء کو ''البلاغ'' نکالا، جو صرف پانچ مہینہ تک زندہ رہا، الہلال کے مقصد کا اظہار مولانا آزاد نے ۲۵/اگست ۱۹۲۱ء کو مجلس خلافت آگرہ میں خطبۂ صدارت پیش کرتے ہوئے اس طرح کیا تھا:

> ''اصل مسئلہ جس پر میں گام فرسائی کر رہا تھا، یہ تھا کہ ہندوستان کی نجات کے لیے، ہندوستان میں مسلمانوں کے بہترین فرائض انجام دینے کے لیے ہندو مسلم اتحاد ضروری ہے، یہ میرا مقصد ہے، جس کا اعلان ۱۹۱۲ء میں ''الہلال'' کے پہلے ہی نمبر میں کر چکا ہوں۔ میں امید کرتا ہوں کہ ایسے لوگ موجود ہوں گے، جنہوں نے الہلال کو فراموش نہ کیا ہوگا''۔
>
> ''الہلال'' کے پہلے نمبر میں جس بڑے نمایاں مقصد کا اعلان کیا گیا، کیا تھا؟ میں فخر کے ساتھ اظہار کرنا چاہتا ہوں کہ وہ ہندو مسلمانوں کا اتفاق تھا، میں نے مسلمانوں کو دعوت دی تھی کہ احکام شرع کی رو سے مسلمانوں کے لیے اگر کوئی فریق ہوسکتا ہے، جو نہ صرف ایشیاء کو بلکہ اس تمام کرۂ ارضی کی سچائی کو آج چیلنج دے رہا ہے، اس کو مٹا رہا ہے، جس کے غرور سے اللہ کی عالم گیر صداقت کو سب سے بڑا خطرہ ہے، وہ برٹش گورنمنٹ کے سوا کوئی دوسری طاقت نہیں''۔ (مقدمہ الہلال ۱/۷ ط: اتر پردیش اردو اکادمی لکھنؤ ۱۹۸۸ء)

الہلال اور البلاغ نے تحریک آزادی کے مدھم چراغ میں ایک نئی روح پھونک دی۔ چنانچہ ممتاز نقاد اور محقق ڈاکٹر مالک رام نے لکھا ہے:

> ''جب جولائی ۱۹۱۲ء میں الہلال جاری ہوا، اس وقت مہاتما گاندھی ہنوز جنوبی آفریقہ سے ہندوستان نہیں پہنچے تھے، پوری سیاسی تحریک بہت ہی نرم اور نرم گفتار تھی، حکومت پر اس کے اعمال واقوال پر کڑی نکتہ چینی کی ابتدا الہلال ہی سے ہوئی''۔

الہلال اور البلاغ نے آزادی کی خاطر ہندو مسلم اتحاد میں بڑا رول ادا کیا۔ حقیقت یہ ہے کہ الہلال اور البلاغ کے تذکرہ کے بغیر تحریک آزادی کی تاریخ مکمل نہیں ہوسکتی۔

> ۱۹۲۵ء میں جمعیۃ العلماء ہند نے دہلی سے ایک ہفت روزہ ''الجمعیۃ'' جاری کیا، جس نے تحریکِ ترکِ موالات اور آزادئ ہند کی پرزور حمایت کی۔ چنانچہ ابتداہی میں یہ پرچہ برطانوی عتاب کا شکار ہوگیا۔ ۱۹۴۲ء میں حکومت نے ایمرجنسی ایکٹ کے تحت تمام اخباروں پر لازم قرار دیا کہ وہ ''وہ ہندوستان چھوڑو تحریک'' کی خبروں اور اس کی اشاعت سے قبل حکومت کو ان کا معائنہ کروائیں۔ غرض آزادی کی کوئی صداقت پسند تاریخ اردو صحافت کی خدمات کو نظر انداز نہیں کرسکتی۔

آزادی کی پوری تاریخ میں اردو صحافت نے بھرپور ساتھ دیا ہے، اس لیے جنگ وجدّ وجہدِ آزادی میں اردو کی خدمات کو ہرگز نظر انداز نہیں کیا جاسکتا ہے اور نہ ہی اسے صرف مذہبی اور ایک فرقہ کی زبان کہا جاسکتا ہے۔

ڈاکٹر جاوید ندیم ندوی۔ اسسٹنٹ پروفیسر شعبہ عربی، مانو

سائنسی شعور کے فروغ میں اردو صحافت کا کردار!

اردو صحافت کو برصغیر ہند میں امتیازی مقام حاصل ہے، صحافت کے ذریعے اس زبان نے معاشرے میں لائق تحسین خدمات انجام دی ہیں، زبان کی لطافت اور شیرینی، ساتھ ہی ساتھ الفاظ اور تعبیرات میں وسعت اور تنوع نے دبستان علم و فکر میں رونق و بہار پیدا کردی، اردو صحافت سے واقف کار حضرات، بلا تفریق مذہب و ملت تسلیم کرتے ہیں کہ تہذیب وثقافت کے عروج میں اس کو نا قابل فراموش حیثیت میسر ہے۔

یہی وجہ ہے کہ اردو صحافت نے سائنسی مضامین کو بھی اپنے صفحات پر جگہ دی، سائنس کے شعبہ نے بیسویں صدی میں قابل رشک ترقی کا مظاہرہ کیا، اردو صحافت نے معاشرہ کو ان ترقیات سے متعارف کرایا، نئی نسل میں سائنسی شعور بیدار کیا، نئی امنگوں کے ساتھ نوجوان نسل نے سائنسی مضامین کی طرف رغبت دکھائی۔

ماہرین تعلیم کا ایک قابل لحاظ طبقہ یہ تسلیم کرتا ہے کہ ابتدائی تعلیم مادری زبان میں دی جائے، اس زاویہ سے اگر اردو صحافت کا جائزہ لیا جائے تو یہ بات نہایت پر مغز معلوم ہوتی ہے کہ سائنسی پیغامات اور معلومات کو گھر گھر پہنچانے میں اردو صحافت امتیازی شان رکھتی ہے، سائنسی انکشافات کے ذریعے دنیا میں رونما ہونے والے تغیرات نے جوش و ولولہ پیدا کردیا، جس کے رہین منت علم و ادب کی شاہراہ پر تحقیق و جستجو کی نئی جہتیں آشکارہ ہوئیں، اردو زبان کو یہ سعادت حاصل ہے کہ اس میں ادب بھی ہے اور سائنسی فکر بھی، جس کی حسین آمیزش نے معاشرے کو دلکش تہذیب، بلند خیال اور عظیم حوصلہ سے آراستہ کیا۔

اردو صحافت کے ذریعے معاشرے کو متعدد محاذ پر رہنمائی حاصل ہوئی ہے، جس کا اثر یہ ہوا کہ زندگی کے مختلف گوشوں میں سائنسی اصولوں پر کاربند سائنسی مضامین کے ذریعے اردو داں طبقہ نے زندگی کے مختلف محاذ پر رہنمائی حاصل کی۔ اس کے زیر اثر روزانہ کی سرگرمیوں کا سائنسی اصولوں کی بنیاد پر ترتیب دینا آسان ہوگیا، آپ نے دیکھا ہوگا کہ اخبارات و رسائل میں زمین کے درجۂ حرارت میں اضافے کی بات کافی عرصے سے چل رہی ہے، بیسویں صدی کے اواخر میں یہ خبر آتی رہی کہ اوزون پرت میں شگاف آگیا ہے، جس کی وجہ سے سورج کی روشنی میں واقع مضر عناصر براہ راست زمین تک پہنچ رہے ہیں، انسانی صحت کو اس سے خطرہ لاحق ہے اور یہ اس وجہ سے ہوا کہ زمین پر مصنوعی آلات اور مشینوں سے گیس خارج ہو رہی ہے، مثلاً ایئر کنڈیشنر، ریفریجیٹر وغیرہ۔ یہ بات کسی سے مخفی نہیں ہے کہ کرۂ ارض پر وسائل نقل وحمل میں بے تحاشا اضافہ ہوا ہے، ان گاڑیوں سے نکلنے والا دھواں فضا کو مسموم کر رہا ہے، گاڑیاں بھی ایئر کنڈیشنڈ ہیں، جن سے خارج ہونے والی گیس نہایت مضر اثرات رکھتی ہے، اگر آپ اس گیس کے اثرات معلوم کرنا چاہتے ہیں تو ذرا اس گاڑی کے قریب کھڑے ہو جائیے جو ایئر کنڈیشنڈ ہے، اسکی گرمی کی شدت آپ کو ایئر کنڈیشن سے متنفر کردے گی، یہی وجہ ہے کہ درخت کے پتے سوکھ رہے ہیں، درخت بے جان ہو رہے ہیں، سائنسدانوں نے مطالبہ کیا ہے کہ فضائی آلودگی کو کم کرنے کے لئے سی این جی (CNG) کا استعمال گاڑیوں میں کیا جائے، درخت زیادہ سے زیادہ لگائے جائیں، سبزہ زار کی زیادہ حفاظت کی جائے تاکہ سبزہ کے وجود سے بارش کے امکانات میں اضافہ ہو، اگر بارش میں کمی ہوئی تو خشک سالی بڑھے گی، کھیتیوں میں

پیداوار کا خسارہ ہوگا، ندی نالے ناپید ہو جائیں گے، موسمی درجۂ حرارت اس سطح تک پہنچ جائے گا کہ سانس لینا مشکل ہو جائے گا، امراض کی کثرت ہوگی، غذاؤں میں سورج کے مضر اثرات سرایت کر جائیں گے، انسانی جانوں کا زیاں عام ہو جائے گا، اس طرح کے تنبیہی مضامین نے یہ اثر دکھایا کہ لوگوں نے گزشتہ صدی میں موٹر سائیکل کی جگہ سائیکل کو ترجیح دی، درختوں کی حفاظت کی مہم شروع کر دی، گھر کے آگے پیچھے سبزہ کا اہتمام کرنے لگے، جلدی امراض سے حفاظت کے لیے کیمیکل والے غازہ سے گریز کرنے لگے اور قدرتی ذرائع سے تیار شدہ غازہ کا استعمال شروع کر دیا، جسے ہربل یا نیچرل کی تعبیر سے یاد کیا جاتا ہے۔ امراض سے محفوظ رہنے کے لئے لوگوں نے صحت کے اصولوں کی طرف توجہ دینا شروع کر دیا، ورزش کا اہتمام کرنے لگے، خواتین نے بھی ورزش گاہوں کا رخ کیا، غذا پر خصوصی توجہ دی جانے لگی تا کہ جسامت غیر متناسب نہ ہونے پائے، ذہنی صلاحیت ماند نہ پڑے۔

اردو صحافت کا مزید یہ احسان ہوا کہ الزائمر جیسے مرض کے متعلق مضامین شائع کیے، لوگوں نے اس مرض کے متعلق واقفیت حاصل کی اور خود کو اس سے محفوظ رکھنے کے لیے احتیاطی اقدامات شروع کر دیے، بتایا جاتا ہے کہ یہ مرض دماغی خلیوں میں اور نسوں کے اوپر میل کی شکل میں کچھ مادے کے یکجا ہو جانے سے وجود میں آتا ہے، یہ مادے دماغی خلیوں کو ناکارہ بنا دیتے ہیں، اس مرض میں اعصابی نظام متاثر ہوتا ہے، اس کا نتیجہ یہ ہوتا ہے کہ مریض یادداشت کھو بیٹھتا ہے، اس مرض کے متعلق مطالعہ کرنے والوں کا بیان ہے کہ جسم میں ایک خاص نوعیت کا پروٹین جب زیادہ مقدار میں جمع ہو جاتا ہے تو یہ شکایت پیدا ہوتی ہے۔ کچھ لوگ اس کے پس پشت ماحولیاتی فساد کو بھی ذمہ دار قرار دیتے ہیں، کیونکہ ماحولیاتی عدم توازن کی وجہ سے غذائیں متاثر ہو رہی ہیں اور خود انسان بھی ماحول کا اثر قبول کر رہا ہے، کیونکہ ماحولیات میں تبدیلی کے باعث انسانی جسم میں المونیم اور کاپر کے عناصر کی افزودگی ہو رہی ہے، خیال کیا جاتا ہے کہ پچاس سال کی عمر سے تجاوز کرنے کے بعد اس مرض کے امکانات ظاہر ہونے لگتے ہیں نسیان کی علامات رفتہ رفتہ شدت اختیار کرتی جاتی ہیں، اس مرض کے اسباب میں یہ رائے بھی قائم کی جاتی ہے کہ آج کل کا طرز زندگی اور اسلوب رہائش بھی ذمہ دار ہے، انسان کی جسمانی حرکت میں کمی آگئی ہے، مشینوں کا استعمال زیادہ ہونے لگا ہے، مشینیں حرکت میں آگئی ہیں اور انسان جمود کا شکار ہو گیا ہے، چنانچہ جسم کے خلیوں میں حرکت اور نشاط کا فقدان ہو گیا، خون کی روانی متاثر ہو گئی، جسمانی حرکت میں کمی کی وجہ سے پسینہ باہر نہیں نکل پاتا ہے، جسم کے بخارات تحلیل نہیں ہو پاتے ہیں۔ دوسری طرف جمود کی وجہ سے انسان قبضیت جیسے مرض کا شکار ہو رہا ہے جبکہ شوق کے تقاضہ سیاعلی معیار کی غذائیں زیر استعمال رہتی ہیں، ان وجوہات سے اعصابی نظام میں پیچیدگیاں پیدا ہو رہی ہیں، اس مسئلے کے حل کے لیے تمباکو نوشی، شراب نوشی اور دیگر نشہ آور اشیاء کا سہارا لیا جاتا ہے۔ اس کی طرف نو عمر طبقہ کی رغبت بڑھنے لگی ہے، اس مرض کا جائزہ لینے والوں نے بتایا ہے کہ ہائی بلڈ پریشر اور کولیسٹرول کی کثرت سے دو چار مریض زیادہ تر اس دام میں گرفتار ہیں۔

آج انسان کے عزائم بلند ہیں، اپنی طاقت اور صلاحیت سے آگے کی سوچتا ہے اور ان امیدوں کو بر لانے کے لیے جدوجہد کی ایسی رفتار اختیار کرتا ہے کہ جسمانی راحت کا خیال نہیں رکھتا، اس کے بعد اگر کامیابی حاصل نہ ہو تو مایوسی کا شکار ہو جاتا ہے، تنہائی کو ترجیح دینے لگتا ہے، اس پس منظر میں امراض کا اضافہ ہو رہا ہے، انسانی صحت پر تحقیق کار اور نفسیاتی امور کے ماہرین کا موقف ہے کہ انسان معاشرے میں سرگرمیوں کے ساتھ متحرک رہتا ہے، لوگوں سے میل جول میں خوش دلی اور نشاط کا مظاہرہ کرتا ہے تو اعصابی نظام پر اس کے مثبت اثرات مرتب ہوتے ہیں، لوگوں کے ساتھ اچھے روابط رکھنا عارضہ قلب اور بلڈ پریشر جیسے امراض سے مانع ہے، نظام زندگی میں

اس کی کمی سے اموات کی کثرت ہو رہی ہے، مغربی ممالک کے متعلق محسوس کیا جاتا ہے کہ وہاں کی زندگی میں روابط کی کمی رہتی ہے چنانچہ اس طرح کے امراض کی کثرت پائی جاتی ہے، ہمارے معاشرے میں بھی ٹی وی موبائل اور کمپیوٹر نے نظام زندگی میں تبدیلی پیدا کردی ہے، اس میں خاصا وقت ضائع ہوتا ہے، نیز گونا گوں بیماریاں پیدا ہوتی ہیں، موبائل کا نظام اگر انسان سمجھ لے تو اپنے ساتھ اسے رکھنا گوارا نہ کرے، موبائل کی کارکردگی موجاتی نظام سے وابستہ ہے، سٹیلائٹ اور موبائل ٹاور سے گزرتی ہوئی غیر مرئی نشیط موجیں جب موبائل کے مقناطیسی حصے تک پہنچتی ہیں تو پیغام رسانی کا عمل وجود میں آتا ہے، ان غیر مرئی موجوں کے رابطہ جتنا مضبوط ہوگا پیغام رسانی کا عمل اتنا ہی تیز اور واضح ہوگا اگر موجوں کے رابطے میں خلل آئے گا یا رابطہ کسی حائل کی وجہ سے کمزور پڑ جائے گا تو پیغام رسانی کا عمل بھی سست پڑ جائے گا آواز دھیمی ہو جائے گی یا منقطع ہو جائے گی ویڈیو کام نہیں کرے گا، اس طرح انسان بیزار نظر آنے لگتا ہے، جب کہ حقیقت یہ ہے کہ یہ موجیں جتنی تیز اور نشیط ہونگی، انسان کا اعصابی نظام اتنا ہی خطرہ سے دوچار ہوگا، خاص طور پر یہ کہ اس کے اثرات کان سے لیکر دماغ کے حصے تک پہنچتے ہیں، انسان اپنے کرتہ یا قمیص کی اوپری جیب میں موبائل رکھتا ہے، جس کے نیچے انسان کا دل دھڑکتا ہے، ان نشیط موجوں کا طوفان غیر محسوس طور پر دل کے اس حصہ پر ضرب لگاتا رہتا ہے، موجوں کے اثرات سے جسمانی خلیوں میں سرطان کے خدشات بھی ظاہر کیے جاتے ہیں۔

اردو صحافت نے بنی آدم کی معلومات میں اضافہ کرتے ہوئے خورد و نوش کی اشیاء میں صحت سے متعلق عناصر کی طرف بھی رہنمائی کی ہے، مثال کے طور پر ناریل، یہ ساحلی علاقوں کا پھل ہے۔ اس کے درخت بہت ہی فراوانی سے ان علاقوں میں نظر آتے ہیں، اہل علم نے اس کی خوبی اور خصوصیت کا تجزیہ کرتے ہوئے وضاحت کی ہے کہ یہ پھل اپنے اندر جادوئی کمالات رکھتا ہے، ناریل میں وٹامن اور معدنیات کی کثرت پائی جاتی ہے، اس سے جسم کو توانائی اور قوت مدافعت حاصل ہوتی ہے، اس کا تیل بالوں کو خوشنما بناتا ہے، بالوں کی جڑوں کو مضبوطی عطا کرتا ہے، مزید یہ کہ دماغ کی خشکی کا بھی بہترین علاج ہے، بہت سے لوگ اسے جسم کے جلے ہوئے حصہ پر لگاتے ہیں اور فائدے کا اعتراف کرتے ہیں، مزید یہ کہا جاتا ہے کہ اس تیل کے ذریعے جسم پر ایک تہہ جمع ہو جاتی ہے، جو متاثرہ حصہ کو دھول، مٹی، بیکٹریا اور وائرس سے حفاظت عطا کرتی ہے، اسی طرح ناریل کا پانی بہت مفید ہے، بہت سارے امراض میں لوگ اس کا استعمال کرتے ہیں، اس کا پانی ثقیل ہوتا ہے اور معدہ کی صفائی میں معاون ہوتا ہے، چہرے کو پر رونق بناتا، حسن و جمال میں اضافہ کرتا ہے، جلدی عیوب کو دور کرتا ہے، ناریل کا دودھ نکال کر گوشت کے ساتھ یا مچھلی کے ساتھ سالن کے طور پر تیار کریں تو لذت میں اضافہ ہو جاتا ہے، شوگر کے مریضوں کے لئے ناریل کا پانی ایک تحفہ مانا جاتا ہے، مرض کی سطح کو نیچے لانے میں اس کا خصوصی کردار ہے، اطباء نے اس کی اہمیت کا اظہار کیا ہے اور بے خوف و خطر استعمال کی رغبت دلائی ہے، اس میں فائبر اور میگنیشیم کے عناصر بھی پائے جاتے ہیں، مزید یہ کہ گردوں کے امراض میں اس کی افادیت اجاگر کی گئی ہے، گردوں میں پتھری کے امکانات کو دور کرتا ہے، دانتوں کو مضبوطی عطا کرتا ہے اور چمکدار بناتا ہے اس سے قدرت کی عظمت کا یقین ہوتا ہے۔

اردو صحافت کے ذریعہ نوجوان نسل کے سائنسی عزائم میں پختگی اور دوررسی عطا کرتے ہوئے ڈاکٹر زاہد حسین خاں نے ڈاکٹر ہاشمہ حسن کے متعلق ایک مضمون پیش کیا، جس میں بتایا کہ یہ ایک خاتون سائنسداں ہیں، جو علی گڑھ مسلم یونیورسٹی سے گزرتی ہوئی امریکہ کی خلائی ایجنسی ناسا تک پہنچ چکی ہیں، ڈاکٹر ہاشمہ حسن اس سائنسی فریق کی ایک معزز رکن ہیں جس نے جیمس ویب خلائی دوربین تیار کی ہے، اس میں بارہ سو سے زیادہ ہنرمند سائنسداں، انجینئر اور تکنیکی ماہرین نے اپنا تعاون پیش کیا ہے۔

چودہ ممالک اور ستائیس سے زیادہ امریکی ریاستوں سے ماہرین نے شرکت کی۔ یہ خلائی دوربین دراصل ایک خلائی رصدگاہ ہے، جسے یورپی اسپیس ایجنسی (ESA) اور کینیڈین خلائی ایجنسی (CSA) کے اشتراک سے تیار کیا گیا، یہ ناسا کی سب سے بڑی اور طاقتور خلائی دوبین ہے اور یہ ہبل خلائی دوربین کا جانشیں ہے، جیمس ویب خلائی دوربین کو 25 دسمبر 2019 کو فرانسیسی گیانا کوراؤ میں ای ایس اے کی لانچنگ سائٹ سے لانچ کیا گیا، اسے ہبل دوربین سے زیادہ حساسیت اور بہتر تصور فراہم کرنے کے ڈیزائن کیا گیا ہے، اس کی مدد سے اشیاء کی تصویر ایک سو گنا زیادہ صاف نظر آئے گی، زمین سے 15 لاکھ کلومیٹر کا سفر کر کے یہ دوربین 24 جنوری 2022 میں اپنے کائناتی موقع پر جا پہنچا، اس مقام کو L-2 (یعنی Lagrange 2) سے یاد کیا جاتا ہے، یہ مقام زمین کے قریب خلا میں کشش ثقل کے اعتبار سے ایک مستحکم حصہ مانا جاتا ہے جو سورج کے مخالف واقع ہے، یہ دوربین اس مدار میں سورج کے گرد گردش کرے گا اور زمین پر اپنے مرکز سے وابستہ رہ کر تصویریں ارسال کرے گا، بتایا جاتا ہے کہ اس کا بنیادی مقصد نگاہوں کی حد سے ماوراء انفرا ریڈ روشنی کا پتہ لگانا ہے تاکہ خلا کے مخفی اور پوشیدہ علاقوں کی معلومات حاصل ہو سکے۔

ڈاکٹر ہاشمہ حسن جیمس ویب دوربین کی ڈپٹی پروگرام سائنٹسٹ اور آسٹروفزکس کے لئے ایجوکیشن اور پبلک آؤٹ ریچ لیڈ کے عہدہ پر فائز ہیں، ڈاکٹر حسن اپنے عہدہ کے تئیں اس دوربین کے نظام کو سنبھالتی ہیں، انہیں اپنے کیریئر کے دوران باوقار اعزازات اور فیلوشپز سے نوازا گیا ہے۔(۲)

انسان اس کائنات میں زندہ رہنا تو چاہتا ہے، یہاں سے رخصت ہونے کی خبر اسے بہت گراں بار معلوم ہوتی ہے، لیکن یہ انسان اپنی بدنیتی اور ذاتی اغراض کے تحت اس کائنات کو تباہ کرنے میں مصروف ہے، جنگوں میں وسیع تباہ کار اسلحوں کے ذریعہ آگ برسانا، زمین کو اور اس پر واقع قدرتی اثاثہ کو بموں کے ذریعے ریزہ ریزہ کر دینا، ایٹمی بموں کے خطرات ان تمام کو انسان اپنی کامیابی تصور کرتا ہے، یہ فراموش کر چکا ہے کہ اس پوری کائنات میں صرف زمین ہی ہے جہاں زندگی پائی جاتی ہے اور اس زمین پر سب سے اشرف اور طاقتور مخلوق انسان کو بنایا گیا ہے، جس کے پاس ذہنی صلاحیت اور فکری بلندی پائی جاتی ہے۔ اب یہ انسان اگر اغراض کا شکار ہو جائے گا تو پوری کائنات تباہ ہو جائے گی، قرآن نے اس کی شہادت دی ہے کہ خشکی اور تری میں تباہی انسان کی کارکردگی کے نتائج ہیں، سائنسدان ان حقائق سے واقف ہیں، پھر بھی تباہی کے اسلحے ان ہی سائنسدانوں کا کرشمہ ہے، صد افسوس یہ زمین کو تباہی کی طرف لے جا رہے ہیں، سائنسدانوں نے تسلیم کیا ہے کہ زمین پر جتنی بھی مخلوقات ہیں، ہر ایک کی اپنی جگہ اہمیت ہے، جس کی وجہ سے کائناتی توازن قائم ہے، ایکولوجیکل بیلنس کا ترانہ یہ سائنسداں ہی پڑھتے ہیں اور دوسری طرف ان کی کاوشوں کے نتیجے میں بے شمار انسان تباہ ہو رہے ہیں، جنگلوں اور دریاؤں میں جانوروں کی زندگی ختم ہو رہی ہے، بے شمار پرندے ناسازگار آب وہوا کی وجہ سے ایک جگہ سے دوسری جگہ ہجرت کر رہے ہیں، زمین پر پانی کے وسائل تنگ ہونے کی وجہ سے آبی حیوانات دم توڑ رہے ہیں۔

یہ روئے زمین بہت ہی قیمتی ہے اس کی حفاظت ہماری ذمہ داری ہے، اسکی حفاظت اسی وقت ممکن ہے جب اس زمین کی مخلوق اعظم، انسان، اپنی نیت اور روش درست کر لے ورنہ خود بھی تباہ ہوگا اور سفینہ بھی ڈوب جائے گا۔(۳)

1. ضمیمہ سائنسی ٹیکنالوجی اور طب، روزنامہ منصف، حیدرآباد۔ 26 جنوری 2021۔

2. سائنس، اردو ماہنامہ، نئی دہلی جون 2022

3. روشن ستارے، حیدرآباد، جنوری 2021

ابو ہریرہ یوسفی

اردو صحافت کا ماضی، حال اور مستقبل

صحافت کی تعریف:

صحافت عربی زبان وادب میں کتاب یا رسالے کو کہا جاتا ہے، اردو زبان کے اعتبار سے فیروز اللغات میں صحافت کا معنیٰ اخباری کاروبار اور اخبار نویسی لکھا ہوا ہے۔ صحافت کی مزید تعریف کرتے ہوئے احمد اشفاق لکھتے ہیں:

"صحافت کسی خبر، حادثہ، کوئی اہم پیش رفت یا رونما ہونے والے کسی اہم واقعہ کو تحقیق اور تجزیہ کے ساتھ قارئین تک پہنچانے کے عمل کا نام ہے، بشرطیکہ اس سارے کام میں نہایت ہی ایمانداری اور اخلاص کا عنصر موجود ہو، صحافت نام ہے لوگوں کی رہنمائی کا، صحافت نام ہے تبصروں کے ذریعہ عوام الناس کو روشناس کرانے کا، صحافت عوامی معلومات، رائے عامہ اور تفریحات کی با ضابطہ اور مستند اشاعت کا فریضہ ادا کرتی ہے، صحافت انسانی اقدار کے تحفظ کی ضامن اور مظلوم ومجبور عوام کے جذبات واحساسات کی ترجمان ہوتی ہے، صحافت کی قوت دراصل عوام کی قوت ہوتی ہے، کسی تحریک، جماعت یا حکومت کی پالیسی کی کامیابی وناکامی میں صحافت ایک اہم کردار ادا کرتی ہے۔" (اردو دنیا، نومبر 2016 ص56)

اردو صحافت کی تاریخ:

اردو صحافت کی دوسوسالہ تاریخ رہی ہے۔ اردو صحافت کے آغاز کے سلسلے میں کئی تضاد باتیں لکھی گئی ہیں، کوئی محمد باقر کے سر اس کا سہرا باندھتا ہے، جو پہلے صحافی تھے، جنھوں نے آزادیٔ ہند کے لئے جام شہادت نوش کیا۔ کہا جاتا ہے کہ محمد باقر کے اردو اخبار کی اشاعت کا سلسلہ ۱۸۳۶ء سے لے کر ۱۸۵۷ء تک جاری رہا۔ بعض لوگوں نے یہ بھی لکھا ہے کہ آگرہ اخبار اردو کا سب سے پہلا اخبار ہے، جو ۱۸۳۱ء میں اکبرآباد سے شائع ہوا، جب کہ مورخین لکھتے ہیں کہ جام جہاں نما اردو کا پہلا اخبار ہے، جو ۱۸۲۳ء کو جاری ہوا۔ یوسف کاظم کا دعویٰ ہے کہ مرآۃ الاخبار دراصل اردو کا پہلا اخبار ہے، جس کو ۱۸۲۱ء میں کولکاتا سے راجا رام موہن رائے نے جاری کیا۔ ایک اور دعویٰ کیا جاتا ہے کہ کاظم علی نے اردو اخبار کے نام سے ۱۸۱۰ء میں کولکاتا سے اردو صحافت کا آغاز کیا۔ مگر اس حقیقت سے انکار نہیں کیا جاسکتا ہے کہ اردو صحافت کا آغاز حضرت ٹیپو سلطان علیہ الرحمہ نے ۱۷۹۴ء میں کیا تھا، ان کے حکم پر ایک سرکاری

پریس جاری کیا گیا، جس میں عربی حروف میں ٹائپ کی چھپائی ہوتی تھی، اس کے بعد انہیں کے حکم پر اسی پریس سے اردو زبان کا اخبار بنام فوجی اخبار جاری کیا گیا، اس اخبار کی عوام تک رسائی نہیں تھی، صرف شاہی فوجی افسران اور سپاہیوں میں تقسیم کیا جاتا تھا۔

جہاں عوامی اخبار کا تعلق ہے، اس کے بارے میں ڈاکٹر سید فاضل حسین پرویز لکھتے ہیں:

> ''جام جہاں نما کو اردو اولین اخبار کی سند دی جاتی ہے، جس کے ناشر ہری دت اور ایڈیٹر سدا سکھ لعل تھے۔ جام جہاں نما کی مقبولیت اور اس کے مضامین سے پیدا ہونے والے جوش اور ولولہ کے پیش نظر برطانوی حکومت کے اس وقت کے چیف سکریٹری ولیم ورلڈ وتھ بیلے نے ایک خفیہ فائل تیار کی تھی، جس میں جام جہاں نما پر کنٹرول کی ہدایت تھی۔ جام جہاں نما ہی کی وجہ سے ۱۸۲۳ء میں پہلا پریس ایکٹ رائج ہوا۔''

تحریک آزادی میں اردو صحافت کا کردار:

ویسے جنگ آزادی سے پہلے ہی اردو صحافت کا بول بالا ہو چکا تھا۔ اردو صحافت نے انگریزی حکومت کے خلاف قلمی جہاد کیا، انگریز کی ظالمانہ پالیسی سے اردو صحافت نے عوام کو خوب روشناس کرایا، انگریز کے خلاف بے باک مضامین اخبارات میں برابر چھپتے رہے، جس کی وجہ سے عوام میں انقلاب اور جنگ آزادی کا جذبہ سر چڑھ کر بولنے لگا، اردو صحافت نے بلا مذہب و ملت کے ہندوستانی عوام میں انقلاب کی ایک نئی روح پھونک دی، اسی جذبے نے ۱۸۵۷ء میں انگریزوں کے خلاف معرکے پر مجبور کیا اور انگریز عوامی انقلاب کا ذمہ دار اردو اخبارات کو ٹھہراتے تھے، اسی وجہ سے انہوں نے کئی اخبار کو نہ صرف کالعدم قرار دیا، بلکہ صحافیوں کو شدید سزا دی گئی، گرفتاری کے وارنٹ جاری کئے گئے، مقدمہ چلایا گیا، کئی اخبارات کی ضمانتیں طلب کی گئیں، ان کی جائدادیں ضبط کی گئیں اور مکانوں پر قبضے بھی کئے گئے، حتی کہ کئی صحافیوں کو اس کی پاداش میں پھانسی دی گئی، اس کے باوجود اردو صحافت کی آزادی کی جدوجہد برابر جاری رہی، عوام کو حب الوطنی اور آزادی کا جذبہ دلاتے رہے۔

پروفیسر ارتضی کریم رقمطراز ہیں:

> ''ماضی میں صحافت کی ایک درخشاں اور زریں تاریخ رہی ہے۔ صحافت نے جمہوری حقوق، مساوات، امن، سیکولرزم، اتحاد، یگانگت اور یکجہتی کے لئے جو کردار ادا کیا ہے، وہ ناقابل فراموش ہے، ہندوستان کی تحریک آزادی میں بھی صحافت کا بہت فعال انقلابی کردار رہا ہے، اردو صحافت نہ ہوتی تو ہندوستان کی آزادی کا سورج دیکھنا نصیب نہ ہوتا، ماضی کے زیادہ تر صحافیوں نے فرنگیوں کے خلاف جو محاذ کھولا تھا، اس کا ہندوستانی عوام کے شعور پر بہت گہرا اثر پڑا، آزادی اور انقلاب کے جذبے کو بیدار کرنے میں

سب سے اہم رول اردو صحافت ہی کا رہا ہے۔"

(ہماری بات، اردو دنیا، دسمبر 2015)

صحافت کی اہمیت وافادیت:

اردو صحافت شروع ہی سے اہمیت وافادیت کی قابل رہی ہے اور آج اس کی اہمیت اس قدر مزید ہوگئی ہے کہ ہندوستان میں صحافت کو جمہوریت کا چوتھا ستون کہا جاتا ہے، اس لئے کہ صحافت کے ذریعہ بلند ہونے والی آواز حکومت تک پہنچتی ہے، جس کا اثر حکومت پر پڑتا ہے۔ صحافت عوام کی آواز ہوتی ہے، یہی وجہ ہے کہ حکومت اور عوامی ادارے غیر جانب دارانہ صحافت کے احترام پر مجبور ہوتے ہیں، اسی طرح صحافت کسی حکومت، جماعت اور تحریک کی غلط پالیسی پر نظر رکھتی ہے، اس کے غیر دانشمندانہ کارناموں کو بے نقاب کرتی ہے۔ مذہبی لحاظ سے بھی صحافت اپنا اہم کردار ادا کر رہی ہے، ایک صالح معاشرہ کے لئے صحافت کی خدمات کافی اہم ہیں۔

اردو صحافت کا موجودہ معیار:

اگر تنقیدی نظر سے دیکھا جائے تو فی زمانہ اردو صحافت کا معیار کم ہو رہا ہے، جہاں دن بدن اردو اخبارات کی تعداد میں اضافہ ہو رہا ہے، وہیں صحافت کا معیار کچھ نہ کچھ زوال کی طرف بڑھ رہا ہے، دور جدید میں بہت ایسے اخبارات نکل رہے ہیں، جو گمنام ہیں، وہ اتنے کم تعداد میں چھپ رہے ہیں کہ عوام کو ان اخبارات کے نام تک معلوم نہیں ہیں، ایسے اخبارات صرف اشتہار کی خاطر موٹی رقومات کی لالچ میں نکل رہے ہیں اور ایسے اخبارات صرف مشتہرین اور سرکاری اداروں کو ہی دیا جاتا ہے، ایسے اخبارات کے لئے ملازم بھی نہیں رکھے جاتے ہیں، بلکہ مالکِ اخبار ایک دو کا سہارا لے کر پورا اخبار بھی تیار کر لیتا ہے اس لئے کہ اب پوری دنیا کی پل پل کی اردو خبریں انٹرنیٹ پر دستیاب ہیں، وہاں سے کاپی کے ذریعہ چند گھنٹوں میں ایک ہی آدمی پورا اخبار تیار کر لیتا ہے، اب اردو کے ایسے سافٹ ویئر بھی آگئے ہیں کہ اب کمپیوزنگ کی بھی ضرورت نہیں پڑتی ہے، صرف کاپی پیسٹ سے کام چلایا جاتا ہے، ایسے اخبارات میں غلطیاں بے شمار پائی جاتی ہیں۔ اب نامہ نگاروں کی تعداد بھی کم ہو رہی ہے، ان کی جگہ انٹرنیٹ نے لے لیا ہے، یہی وجہ ہے کہ بیشتر اخبارات میں خبریں ایک جیسی رہتی ہیں، کچھ علاقائی خبروں میں تبدیلی رہتی ہے، لیکن عالمی اور کھیل کی خبریں تقریباً ہر اخبار سے ٹکراتی ہیں، بلکہ بسا اوقات عنوان اور سرخی بھی۔ اسی وجہ سے ایک قارئ اخبار کی نگاہ میں دوسرا اخبار معیاری محسوس نہیں ہوتا ہے، جب سبھی اخبارات کی خبریں متصادم ہوں گی تو ایک ساتھ دو تین اخبارات خریدنا پیسے کو ضیاع کرنے جیسا ہوگا، اسی لئے اب بہت کم ایسے لوگ ہیں جو ایک ساتھ متعدد اخبارات کو خریدتے ہیں، حالانکہ اگر ایڈیٹران چاہیں تو خبروں میں تبدیلی کر کے دوسرے اخبار سے جدا کر سکتے ہیں، لیکن ایسا نہیں کیا جاتا ہے، زیادہ تر انٹرنیٹ کی بدولت کاپی پیسٹ پر ہی اکتفا کیا جاتا ہے۔

اردو اخبارات کے معیاری نہ ہونے کی وجہ یہ بھی ہے کہ اب تربیت یافتہ صحافیوں کی کمی ہے، زیادہ تر ایسے

صحافیوں کو کم تنخواہ پر رکھا جاتا ہے، جن کو صحیح طریقے سے خبر بھی بنانی نہیں آتی، رہی بات مضبوط صحافیوں کی کم یابی، تو ان کو خاطر خواہ اجرت نہیں مل پاتی ہے، وہ مجبوراً دوسرے پیشے کو اختیار کر لیتے ہیں، اسی وجہ سے اردو تعلیم یافتہ طبقے کی صحافت سے توجہ دور ہو رہی ہے اور دن بدن اردو اخبارات تجربہ کار صحافیوں سے محروم ہو رہے ہیں۔

صحافت کا غلط استعمال:

کچھ لوگ اپنی سیاست کے لئے صحافت کا بھی استعمال کر رہے ہیں، چنانچہ کئی ایسی پارٹیاں ہیں، جو اپنا ذاتی اخبار نکالتی ہیں، جس کے ذریعہ اپنی پارٹی کا قد لمبا کرنے کی کوشش کی جاتی ہے، ایسے اخبارات میں اپنی پارٹی کے متعلق خبریں زیادہ رہتی ہیں اور مخالف پارٹی کے تعمیری و تعریفی کارناموں پر مشتمل خبروں کو جگہ نہیں دی جاتی ہے، بلکہ اس کی ہجو میں خبروں کو ترجیح دی جاتی ہے، ایسے اخبارات میں بطور صحافی کارکنان کو آزادی نہیں ہوتی ہے، ان کی سوچ وفکر اور قلم ہمیشہ پارٹی کی غلام رہتی ہے۔

آج کل اردو صحافت میں مذہبی ومسلکی تعصب بھی جنم لینے لگا ہے، کئی اخبارات اس بیماری کا شکار ہیں، کسی ایک مکتبہ فکر کی معمولی خامیوں کو بڑھا چڑھا کر صفحہ اول پر جگہ دے دی جاتی ہے، سخت اور نامناسب الفاظ کے ذریعہ اس مسلک کو داغدار اور اس کے حامیوں کو مجروح کرنے کی کوشش کی جاتی ہے، موجودہ زمانے میں ایسے کئی واقعات درپیش آچکے ہیں، نتیجہ یہ ہوتا ہے کہ اس اخبار کے خلاف احتجاج ہوتا ہے، بلکہ کاپیاں بھی جلائی جا چکی ہیں، صحافیوں کے خلاف نفرت کا اظہار بھی ہوتا ہے۔ بعض مرتبہ جعلی خبریں بھی پیش کر دی جاتی ہیں، کسی کے مثبت بیان کو منفی لکھ دیا جاتا ہے، یہی وجہ ہے کہ بعض اردو اخبارات سے لوگوں کا اعتماد اٹھ رہا ہے۔

اس سلسلے میں حقانی القاسمی لکھتے ہیں:

''صحافت میں اخلاقیات کی جگہ اب صارفیت نے جگہ لے لی ہے، جس کی وجہ سے صحافت کا انسانی چہرہ مسخ ہو گیا ہے، آزاد اور شفاف صحافتی قدروں کی خلاف ورزی عام ہے، لوگ کہنے لگے ہیں کہ صحافت اب خبروں کی تجارت بن گئی ہے اور تجارتی مفادات کا تحفظ ہی صحافت کا مقصد اولین بن گیا ہے۔''

جدید ٹکنالوجی اور اردو صحافت:

جدید سائنسی ایجادات کی بدولت برقیاتی صحافت کا دائرہ وسیع ہو رہا ہے، جدید ٹکنالوجی کی آمد سے اردو صحافت نے بھی کافی ترقی کی منزلیں طے کی ہیں۔ سب سے پہلے روزنامہ سیاست حیدرآباد نے انٹرنیٹ ایڈیشن شائع کیا اور آج ہندوستان کے تقریباً ہر اردو اخبارات انٹرنیٹ پر شائع ہو رہے ہیں، لیکن یہ سب کے سب تصویری شکل میں پورے صفحات انٹرنیٹ پر اپلوڈ کر دیئے جاتے ہیں، جس کو پڑھنے میں دقت ہوتی ہے، اگر یونی کوڈ اردو کے ذریعہ شائع کئے جائیں تو جہاں اس کی اہمیت دوبالا ہو جائے گی، وہیں پڑھنے میں بھی آسانی ہوگی۔ اس کے علاوہ آن لائن اردو اخبارات بھی کثرت

سے نیٹ پر شائع ہوتے ہیں، جن میں بطور خاص یو این اے نیوز، بصیرت آن لائن، فکر و خبر، ملت ٹائمز، اردو نیٹ جاپان، عالمی اردو اخبار، ای زمانہ اردو، القمر آن لائن قابل ذکر ہیں۔

مذکورہ آن لائن اخبارات کو آسانی سے انٹرنیٹ پر پڑھا جاسکتا ہے، اس لئے یہ سبھی یونی کوڈ اردو کے ذریعہ شائع ہوتے ہیں، ان میں اکثر اخبارات کے ایپلی کیشن بھی آگئے ہیں، جس کو اب ہم اسمارٹ فون میں ایک ایپلی کیشن کے ذریعہ ایک مکمل اردو اخبار کا مطالعہ کرسکتے ہیں، یہ تمام اخبارات سوشل میڈیا سے بھی مربوط ہیں، لیکن ہمارے ہندوستان کے مشہور اخبارات سوشل میڈیا پر زیادہ متحرک نہیں ہیں، اور جو موجود ہیں تو وہ پابندی سے سوشل میڈیا پر شائع نہیں کئے جاتے ہیں، اگر کئے بھی جاتے ہیں تو اسی بڑے صفحات کو تصویری شکل میں اپلوڈ کردیئے جاتے ہیں، جس کو آسانی سے پڑھا بھی نہیں جاسکتا، جبکہ پاکستان کے سبھی اردو اخبارات، جہاں گوگل پر یونی کوڈ اردو کے ذریعہ شائع ہوتے ہیں، وہیں سوشل میڈیا پر بھی برابر پوسٹ کیے جاتے ہیں، اس لئے ہندوستانی اردو اخبارات کو سب سے پہلے گوگل پر تصویری اردو کے بجائے یونی کوڈ کے ذریعہ دینا چاہئے، اور اسی طرح سوشل میڈیا پر بھی، تاکہ اردو صحافت جدید ٹکنالوجی سے مزید ہم آہنگ ہو اور جب ایسا ہوگا تو اس کا وقار بھی بلند ہوگا، اس لئے ضرورت اس بات کی ہے کہ ہم برقیاتی ٹکنالوجی کے ذریعہ اردو صحافت کو فروغ دیں تاکہ اس جدید ٹکنالوجی کے دور میں دوسری زبانوں کی صحافت کی طرح اردو صحافت بھی ترقی کی راہ پر گامزن ہو۔

ڈاکٹر احمد علی برقی اعظمی

اردو صحافت کے دوسوسالہ سفر پر منظوم تاثرات

داستاں اردو صحافت کی ہے بیحد شاندار
اپنی تہذیب و ثقافت کی ہے جو آئینہ دار
گامزن راہ صحافت پر تھے جو مردانہ وار
عہدِ حاضر کے صحافی اُن کے ہیں مِنت گذار
جان و مال اپنے جنھوں نے کردیے اس پر نثار
نام اُن کا آرہا ہے آج لب پر بار بار
آج بھی ”منشی سداسکھ“ سب کے ہیں وردِ زباں
راہ کی اردو صحافت کی جنھوں نے اُستوار
مولوی باقر کا ہے اُن میں سرِفہرست نام
صفحہ تاریخ پر جو آج بھی ہے آشکار
جنگ آزادی میں بھی تھے یہ صحافی پیش پیش
جن کے زریں کارنامے آج بھی ہیں یادگار
ارفع و اعلیٰ ہے ”اردوئے معلّیٰ“ کا مقام
ہے جو حسرت کے مضامیں کا اِک ادبی شاہکار
تھے ”اودھ پنچ“ و ”زمیندار“، اور ”ہمدرد“ و ”میلاپ“
گنگا جمنی ہند کی اردو صحافت کا وقار
وہ ”اودھ اخبار“ ہو یا ”الہلال“ و ”البلاغ“
علمی و ادبی فضا جو کررہے تھے سازگار
ترجمانِ کوچہ و بازار یہ اخبار تھے
تھے فدا اُسلوب پر جن کے سبھی دیوانہ وار
ہے ”اودھ اخبار“ کی ادبی صحافت دلنواز
چھپتے تھے سرشار کے افسانے جس میں قسط وار
ہے سیاست اور ادب کا امتزاج اک ”انقلاب“
جس کے ہیں ادبی شمارے روح پرور ہفتہ وار
لڑ رہے ہیں اِن دنوں اپنی بقا کی جنگ وہ
آج طول و عرض میں اخبار ہیں جو بیشمار
آج بل کر کررہے ہیں سب اسی پر غور و خوض
ہے یہ منظر نامۂ اردو صحافت دلفگار